LE KARMA

ANNIE BESANT

TABLE DES MATIÈRES

AVANT-PROPOS

Chaque pensée humaine qui commence son évolution passe dans le monde intérieur et devient une entité active, par son association, ou ce que nous pourrions appeler sa fusion avec un élémental, c'est-à-dire avec l'une des forces semi-intelligentes des divers règnes de la Nature. Elle survit comme une intelligence agissante, comme un être engendré par l'Esprit, pendant un temps plus ou moins long, selon l'intensité initiale de l'action cérébrale qui l'a produite. Une pensée bonne se perpétue, de la sorte, comme une puissance bienfaisante et active ; une mauvaise pensée, comme un démon malfaisant. L'homme peuple ainsi continuellement le courant qui l'entoure dans l'espace, avec un monde à lui, rempli des produits de son imagination, de ses désirs, de ses impulsions et de ses passions ; ce courant réagit d'ailleurs sur tout organisme nerveux où sensitif qui vient en contact avec lui, proportionnellement à l'intensité dynamique de celui-ci. C'est ce que le Bouddhiste appelle son « Skandha », l'Hindou lui donne le nom de « Karma ». L'adepte produit ces formes consciemment ; les autres hommes le laissent échapper inconsciemment[1].

On n'a jamais mieux décrit la nature essentielle de Karma que par ces paroles, tirées d'une des premières lettres du Maître K. H. Celui qui les comprendra clairement, avec tout ce qu'elles contiennent, verra disparaître la plupart des difficultés qui entourent le sujet et saisira le principe fondamental de l'opération karmique. C'est pourquoi elles seront considérées comme indiquant la meilleure ligne d'étude à suivre ; et tout d'abord, nous allons envisager les pouvoirs créateurs de l'homme. Tout ce que nous demandons, en guise d'introduction, c'est qu'on se fasse une idée nette et de l'invariabilité de la Loi et des trois grands plans de la Nature.

---

1. *Le Monde occulte*, p. 166 (traduction française, 2e édition).

CHAPITRE I
INVARIABILITÉ DE LA LOI

Nous vivons dans le domaine de la loi, nous sommes environnés de lois que nous ne pouvons briser ; voilà qui est évident. Cependant, lorsque nous avons reconnu que ce fait est réellement une partie de notre vie, lorsque l'existence de ce fait nous apparaît dans le monde moral et mental aussi bien que dans le monde physique, nous sommes tentés jusqu'à un certain point de nous abandonner au sentiment de notre faiblesse, comme si nous nous sentions dans les griffes de quelque puissance redoutable, qui nous aurait saisis et nous ferait tournoyer à son gré, où elle veut. C'est exactement le contraire qui a lieu cependant; car cette puissance redoutable, lorsque nous l'avons comprise, nous porte avec obéissance où «nous» voulons aller. Toutes les forces de la Nature peuvent être utilisées proportionnellement à l'intelligence que l'on en a. « La Nature se conquiert par la soumission et ses énergies irrésistibles sont à nos ordres dès que nous sommes aptes, par le savoir, à agir avec elles et non contre elles. Dans ses réserves inépuisables nous avons la faculté de choisir les forces, appropriées au but que nous poursuivons par leur rythme, leur direction, ou telle autre qualité ; leur invariabilité même est la garantie de notre succès.

C'est sur l'invariabilité de la loi que repose la garantie des expériences scientifiques, la possibilité de prévoir un résultat et de prédire l'avenir. Le chimiste s'appuie sur ce fait, certain que la Nature lui répondra toujours de la même manière, s'il lui pose ses questions avec précision ; aussi considère-t-il toute variation dans les résultats qu'il obtient comme provenant d'un changement dû à sa façon d'opérer, et non de la Nature. Ainsi en est-il de toute action humaine: plus elle s'appuie sur le savoir, plus le résultat prévu lui est assuré ; car tout « accident » procède de l'ignorance et est dû à l'action de lois inconnues ou négligées. Dans le monde mental et moral, on peut, comme dans le monde physique, prévoir, préparer et calculer les résultats. La Nature ne nous trahit jamais ; nous sommes trahis par notre propre aveuglement. Sur tous les plans, la puissance s'accroît quand la connaissance augmente : omniscience et omnipotence ne font qu'un.

Nous devons nous attendre à ce que la Loi soit

aussi invariable dans les mondes mental et moral que dans le monde physique, puisque l'univers émane de l'un ; ce que nous appelons la Loi n'est que l'expression de la Nature divine. De même que tout émane de la Vie une, tout est soutenu par la Loi une ; les mondes reposent sur ce roc de la Nature divine comme sur une fondation sûre et immuable.

CHAPITRE 2
LES PLANS DE LA NATURE

Pour étudier le fonctionnement de Karma suivant la ligne indiquée par le Maître, il nous faut acquérir une conception claire des trois plans inférieurs, ou régions de l'univers, et des principes qui s'y rapportent. Les noms qui leur sont donnés indiquent l'état de la conscience qui travaille sur chacun d'eux. Pour cela aidons-nous d'une figure indiquant les divers plans, avec les principes qui y atteignent et les véhicules dans lesquels une entité consciente peut les visiter. En occultisme pratique, l'étudiant apprend à explorer ces plans et à transformer la théorie en connaissance par ses propres investigations. Le véhicule inférieur, le corps grossier, sert au travail de la conscience sur le plan physique, et là, la conscience est limitée aux capacités du cerveau. Le mot *corps subtil* comprend une variété de corps astral approprié aux conditions changeantes de la région compliquée désignée sous le nom de *plan psychique*. Sur le plan dévachanique, il y a deux régions bien définies, la région de la forme, la région sans-forme. Dans la première, la plus basse, la conscience se sert d'un corps artificiel, le Mâyâvi-Rûpa ; le terme *corps mental* paraît cependant lui convenir, comme indiquant que la matière dont il est composé appartient au plan *Manas*. Dans la *région sans-forme*, c'est le *corps causal* dont il faut se servir. Quant au plan Bouddhique, il est inutile d'en parler.

	ĀTMĀ	
Sushuptique.	Bouddhi.	Véhicule : Corps spirituel.
Devachanique.	Manas.	Véhicules : 1. Corps mental. 2. Corps causal.
Psychique ou Astral.	Psychique supér : Kâma-Manas, Psychique inférieur : Kâma.	Véhicule : Corps subtil.
Physique.	Linga-Sharîra. Sthûla-Sharîra.	Véhicule : Corps grossier.

Or la matière n'est pas la même pour tous ces

plans ; en général, celle d'un plan quelconque est plus dense que celle du plan qui lui est supérieur. Cela est conforme à l'analogie qui règne dans la Nature ; car l'évolution, pendant sa marche descendante, va du raréfié au dense, du subtil au grossier. De plus, ces plans sont habités par de nombreuses hiérarchies d'êtres qui s'étagent, depuis les Intelligences élevées de la région spirituelle, jusqu'aux élémentals subconscients les plus infimes du monde physique. Sur chaque plan, l'esprit et la matière se trouvent unis dans chaque atome, chacune de ces particules ayant la matière pour corps et l'Esprit pour vie ; toute agrégation indépendante, toute forme séparée, quelle que soit son espèce ou son type, est animée par ces êtres vivants et change d'échelon suivant les changements de la forme elle-même. *Il n'est pas de forme qui ne soit animée* ; mais l'entité qui l'anime peut être une des Intelligences les plus élevées, un élémental des plus infimes, ou l'un des êtres compris dans les multitudes innombrables qui s'étendent entre ces deux extrêmes.

Nous allons nous occuper surtout des entités du plan psychique, parce que ce sont elles qui donnent à l'homme son corps du désir (Kâma-Rûpa), —son corps de sensation comme on l'appelle souvent—, qui sont formées dans sa matrice astrale et qui vivifient ses sens astraux. Pour employer un terme technique, ces entités sont les élémentals de la forme (Rûpa Devatâs) du monde animal ; ils sont les agents des modifications qui transmutent les vibrations en sensations.

La caractéristique la plus saillante des élémentals karmiques, c'est la sensation, c'est-à-dire la faculté non seulement de répondre aux vibrations, mais aussi de les ressentir. Le plan psychique fourmille de ces entités, conscientes à des degrés divers, qui reçoivent toutes sortes d'impulsions et les transforment en sensations. En conséquence, tout être qui possède un corps constitué par l'agrégation de ces élémentals est capable de sensation, et c'est par l'intermédiaire d'un pareil corps que l'homme sent. L'homme n'est conscient ni dans les particules de son corps, ni même dans ses cellules ; elles ont une conscience propre qui leur permet d'exécuter les actes divers de cette partie de sa vie qui est végétative ; mais l'homme, dont elles constituent le corps, ne partage pas leur conscience, et ne peut ni les aider ni les gêner consciemment quand elles choisissent, assimilent, secrètent, construisent ; il est incapable, à un moment quelconque, de mettre sa conscience en rapport avec la conscience d'une cellule de son cœur, par exemple, au point de dire exactement ce qu'elle fait. Sa conscience fonctionne normalement sur le plan psychique, et même dans les régions psychiques supérieures où agit le mental ; ce mental est mêlé à Kâma, car le mental pur ne fonctionne pas sur ce plan astral.

Le *plan astral* regorge d'élémentals semblables

à ceux qui entrent dans *le corps du désir* de l'homme et qui forment aussi le corps du désir plus simple de l'animal inférieur. Par cette partie de sa constitution, l'homme entre en rapport direct avec les élémentals, et forme, par leur intermédiaire, des liens avec tous les objets qui l'entourent, qu'ils soient pour lui attractifs ou répulsifs.

Par sa volonté, ses émotions, ses désirs, il influence ces êtres innombrables dont la sensibilité répond aux tressaillements qu'il irradie en tous sens. Son propre corps du désir agit à la façon d'un appareil, et, de même qu'il change en sensations les vibrations venant du dehors, il transforme aussi en vibrations les sensations qui naissent en lui.

CHAPITRE 3

GÉNÉRATION DES FORMES-PENSÉES

Nous sommes maintenant à même de mieux comprendre les paroles du Maître. L'esprit, en agissant dans sa région propre, dans la matière subtile du plan psychique supérieur, engendre des images, des formes-pensées. L'imagination a été, avec beaucoup de raison, appelée *la faculté créatrice* de l'esprit ; et ceci est plus vrai, littéralement, que ne le supposent ceux qui emploient cette expression. Cette faculté de donner naissance à des images est le pouvoir caractéristique de l'esprit ; un vocable n'est qu'une tentative maladroite pour représenter partiellement une image mentale. Une idée, une image mentale est toujours compliquée: pour la traduire avec soin, toute une phrase peut être nécessaire ; on saisit une de ses particularités saillantes et l'on se sert du mot exprimant cette particularité pour représenter fort imparfaitement le tout. Quand nous disons «triangle», ce mot évoque dans l'esprit de celui qui l'entend, une image qui, pour être rendue complètement par des mots, demanderait une longue description. C'est à l'aide de symboles que nous pensons le mieux ; puis, laborieusement et imparfaitement, nous résumons ces symboles par des mots. Dans les régions où l'esprit parle à l'esprit, l'expression est parfaite et bien au-dessus de tout ce que peuvent rendre des mots ; même dans la transmission de pensée d'ordre peu élevé, ce ne sont pas des mots qui sont transmis, mais des idées. L'orateur rend de son mieux à l'aide de mots telle partie de ses images mentales ; ces mots font naître dans l'esprit de ses auditeurs des images correspondant à celles qu'il a lui-même dans l'esprit. L'esprit opère avec des tableaux et des images et non avec des mots ; la moitié des controverses et des malentendus provient de ce qu'on applique les mêmes mots à des images différentes ou de ce qu'on représente par des mots différents les mêmes images.

La forme-pensée est donc une image mentale créée — ou moulée — par l'esprit, à l'aide de la matière subtile du plan psychique supérieur où, comme nous l'avons vu, il opère. Cette forme, composée des atomes de la matière de cette région, qui sont animés d'un mouvement vibratoire rapide, suscite tout autour d'elle des vibrations ; celles-ci feront naître des sensations de son et de couleur dans toutes les entités susceptibles de les traduire comme telles et comme la forme-pensée s'échappe et sort, ou suivant l'expression qu'on pourra préférer pour exprimer ce mouvement, *plonge* plus profondément *dans la matière plus dense* des régions psychiques inférieures, ces vibrations se répandent dans toutes les directions, sous forme de couleur chantante, et attirent les élémentals de cette couleur sur la forme-pensée dont elles proviennent.

Tous les élémentals, comme toutes les autres parties de l'univers, appartiennent à l'un ou à l'autre des sept rayons primaires, des sept premiers Fils de la Lumière. La lumière blanche procède du troisième Logos, — Esprit divin manifesté, — sous forme de sept rayons, les « Sept Esprits qui sont devant le Trône » ; chacun de ces rayons comporte sept sous-rayons, et ainsi de suite, en subdivisions consécutives. Il y a donc, au milieu des différenciations sans fin qui composent un univers, des élémentals correspondant à ces diverses subdivisions, et l'on entre en communication avec eux, au moyen d'un langage des couleurs basé sur la nuance à laquelle ils appartiennent. Voilà pourquoi la connaissance réelle des sons, des couleurs et des nombres, — le nombre étant la base et du son et de la couleur, — a toujours été tenue si secrète, car la volonté s'en sert pour parler aux élémentals, et la connaissance donne le pouvoir de leur commander.

Le maître K. H. désigne bien nettement le langage des couleurs quand il dit : « Comment pourriez-vous vous faire comprendre de ces forces semi-intelligentes, qu'il s'agit, en fait, de commander, qui ne peuvent pas communiquer avec nous au moyen de paroles prononcées, mais par des sons et des couleurs dont les vibrations correspondent aux leurs ? Le son, la lumière, la couleur sont, en effet, les facteurs principaux de la formation de ces catégories d'intelligences, de ces êtres, de l'existence positive desquels vous n'avez nulle idée, et en qui il ne vous est guère possible de croire, puisque les athées aussi bien que les chrétiens, les matérialistes aussi bien que les spiritualistes, apportent leurs arguments respectifs à l'encontre, et que la science s'oppose plus encore que tous ceux-là à une superstition « aussi dégradante[1] ».

Ceux qui étudient les temps passés peuvent se souvenir des allusions voilées faites de temps à autre à un langage des couleurs, et se rappeler que, dans l'Égypte ancienne, on écrivait en couleurs les manuscrits sacrés et l'on punissait de mort les erreurs de copie. Mais je ne dois pas m'engager dans ce chemin écarté si attrayant. Retenons seulement ce fait c'est par les couleurs qu'on communique avec les élémentals et les mots colorés sont pour eux aussi intelligibles que les mots parlés le sont pour les hommes.

La nuance de la couleur sonore dépend du

motif qui inspire l'auteur de la forme-pensée. Si ce motif est pur, charitable, bienfaisant, la couleur produite attirera vers la forme-pensée un élémental qui revêtira le caractère du motif instigateur et agira dans le sens désigné. Cet élémental pénètre dans la forme-pensée et y joue le rôle d'âme ; il en résulte la formation dans le monde astral d'une entité indépendante d'un caractère bienfaisant. Le motif est-il au contraire impur, vindicatif, malfaisant la couleur produite attirera un élémental qui, d'une manière analogue, revêtira la caractéristique imposée à la forme et agira suivant la ligne ainsi tracée. Dans ce cas aussi l'élémental entre dans la forme-pensée, y joue le rôle d'âme et constitue dans le monde astral une entité indépendante, d'un caractère malfaisant. Par exemple, une pensée de colère émettra un éclat rouge, la forme-pensée vibrant de telle sorte qu'il se produit du rouge; cet éclat rouge appelle des élémentals qui s'élancent vers celui qui les attire et l'un d'eux pénètre la forme-pensée à laquelle il donne une activité indépendante d'un genre destructeur, désorganisateur.

Sans s'en douter, les hommes parlent continuellement ce langage des couleurs et appellent ainsi autour d'eux ces essaims d'élémentals qui s'établissent dans les diverses formes-pensées disponibles. C'est de cette façon que l'homme peuple son courant dans l'espace avec *un monde à lui, tout rempli des créatures de son imagination, de ses désirs, de ses impulsions et de ses passions.* De tous côtés, des anges et des démons créés par nous-mêmes se pressent en foule autour de nous, agents de bien ou de mal pour le prochain aussi bien que pour nous-mêmes, véritable armée karmique.

Les clairvoyants peuvent apercevoir dans l'aura qui enveloppe chaque personne des couleurs dont l'éclat change constamment; chaque pensée, chaque sentiment se traduit ainsi dans le monde astral, et devient perceptible pour la vue astrale. Ceux qui sont un peu plus développés que les clairvoyants ordinaires peuvent voir également les formes-pensées et les effets produits par des éclats colorés parmi les hordes d'élémentals.

----

1. *Le Monde occulte,* p. 187.

CHAPITRE 4
ACTIVITÉ DES FORMES-PENSÉES

Ces formes-pensées, animées par les élémentals, ont une existence dont la durée dépend premièrement de l'intensité initiale, de l'énergie donnée par leur créateur humain, et secondement, de la nourriture qui leur est ensuite procurée par la répétition de la même pensée due à l'auteur ou à d'autres. Leur existence peut être continuellement renforcée par cette répétition. Toute pensée que l'on couve, qui est l'objet d'une méditation fréquente, acquiert une grande stabilité de forme sur le plan psychique. De même les formes-pensées de semblable nature s'attirent, se renforcent mutuellement, constituent une forme pourvue abondamment d'énergie et d'intensité et pouvant agir dans le monde astral.

Les formes-pensées sont rattachées à leur auteur par un lien que, à défaut d'une meilleure expression, nous appellerons magnétique ; elles réagissent sur lui en produisant une impression qui incite à les reproduire ; et lorsque, comme dans le cas cité plus haut, elles viennent à être renforcées par leur répétition, il peut en résulter une habitude de penser bien déterminée, il se formera un moule où la pensée se déversera facilement, bienfaisante si elle est d'une nature élevée (un noble idéal, par exemple), mais la plupart du temps, fâcheuse, faite pour entraver le développement mental.

Arrêtons-nous un moment sur la formation de cette habitude; elle montre en petit, d'une façon très instructive, le fonctionnement de Karma. Supposons que nous puissions prendre un mental tout fait, n'ayant point derrière lui d'activité passée (cas impossible, bien entendu, mais dont l'hypothèse sera utile à l'étude de ce point spécial). Imaginons que ce mental travaille spontanément, en parfaite liberté, et produise une forme-pensée ; il se mettra à la répéter souvent, jusqu'à ce qu'une habitude de penser ait pris naissance, une habitude bien définie où la pensée se glisse inconsciemment, par laquelle ses énergies seront canalisées sans un effort conscient et déterminé de la volonté. Admettons maintenant que ce mental vienne à désapprouver cette habitude de pensée, la considérant comme une entrave à son progrès. Originairement due à l'action spontanée de l'esprit, et faite pour faciliter le débit de l'énergie mentale en lui procurant un canal tout fait, cette habitude a fini par devenir un obstacle ; et si l'esprit veut s'en débarrasser, il ne le peut que par la répétition de l'acte spontané tendant à affaiblir et à détruire définitivement cette entrave vivante.

Nous avons là un petit cercle karmique idéal parcouru rapidement : l'esprit libre s'est créé une habitude qui a limité ses possibilités, mais il n'en a pas moins gardé sa liberté, tout en restant dans ces limites mêmes et peut, de l'intérieur, les attaquer et travailler jusqu'à ce qu'il les ait détruites. Naturellement, nous ne nous sentons jamais libres à l'origine, car nous venons au monde chargés par les chaînes forgées par notre propre passé; mais le processus concernant chacun de ces liens suit la filière indiquée : l'esprit forge la chaîne, la porte et, tout en la portant, peut s'en défaire.

Les formes-pensées peuvent également être dirigées par leur auteur vers telle ou telle personne qui, suivant la nature de l'élémental qui les anime, peut en éprouver du bien ou du mal. Ce n'est pas uniquement une fantaisie poétique de croire que les bons souhaits, les prières ou les pensées affectueuses ont de l'influence sur ceux vers qui ils sont envoyés, car ils forment autour de l'être affectionné une garde protectrice qui détourne plus d'une influence fâcheuse, plus d'un danger.

Ce n'est pas tout pour l'homme que d'engendrer et de projeter ses formes-pensées ; comme un aimant, il attire encore du plan astral qui l'entoure les formes-pensées des autres qui sont de l'espèce à laquelle appartiennent les élémentals qui animent les siennes propres. Il peut se procurer ainsi du dehors des renforts considérables d'énergie, et il ne tient qu'à lui que ces forces, qu'il fait passer du monde extérieur en son être, soient bienfaisantes ou malfaisantes. Ses pensées sont-elles pures et nobles ? il attire à lui une foule d'entités bienfaisantes, au point de se demander parfois, avec étonnement, d'où lui vient la faculté d'accomplir de grandes actions qui semble, et à juste titre, dépasser de beaucoup ses propres pouvoirs. Par contre, celui qui nourrit des pensées mauvaises et viles, appelle à lui des légions d'entités malfaisantes, et ce surcroît de force pour le mal le porte à des crimes qui le surprennent lui-même, quand il regarde en arrière. « Quelque diable m'aura tenté », s'écriera-t-il ; et ce sont, en effet, ces forces diaboliques, attirées par sa propre perversité, qui sont venues augmenter celle-ci de l'extérieur.

Les élémentals qui animent les formes-pensées bonnes ou mauvaises se lient à ceux du corps du désir de l'homme et à ceux de ses propres formes-pensées, et ils opèrent en lui tout en venant du dehors. Mais il faut pour cela qu'ils rencontrent des entités de leur espèce avec lesquelles ils puissent avoir des affinités, sans quoi ils ne peuvent exercer aucune influence. Bien plus, quand ils sont d'espèce opposée, ils se repoussent ; c'est ainsi que l'homme bon chassera par son atmosphère même, par son aura, ce qui est impur et mauvais. Il est entouré comme d'un mur protecteur qui le met à l'abri du mal.

Il y a encore une autre forme d'activité élémentale, qui produit des résultats immenses et qu'il ne faut pas omettre dans cette étude préliminaire des forces qui vont donner naissance au Karma. Comme les forces étudiées plus haut, elle résulte de ce que *ces formes-pensées peuplent le courant qui réagit sur toute organisation sensitive ou nerveuse qui vient à son contact, proportionnellement à l'intensité dynamique de celle-ci.* Jusqu'à un certain point presque tout le monde en est affecté, bien que l'effet soit plus considérable pour les organisations plus sensitives. Les élémentals ont une tendance à se porter vers d'autres êtres de nature similaire ; ils se groupent en classes, étant par essence portés à vivre en bandes. Ainsi, la forme-pensée projetée par un homme, non seulement reste en rapport magnétique avec lui, mais va vers toutes celles de même type, se réunit à elles sur le plan astral, en formant, suivant le cas, une force bienfaisante ou malfaisante, qui prend corps en une sorte d'entité collective. C'est aux agrégations de formes-pensées similaires que sont dues les caractéristiques parfois frappantes de l'opinion dans les familles, dans les localités et dans les nations, parce qu'elles composent une sorte d'atmosphère astrale, à travers laquelle on voit toutes choses, et qui colore ce que l'on regarde ; elles réagissent sur le corps du désir des personnes comprises dans les groupements en question, et suscitent en elles des vibrations synchrones. Ces entourages karmiques touchant la famille, la localité, ou la nation, modifient grandement l'activité de l'individu et limitent considérablement sa faculté de manifester les capacités qu'il a en puissance. Présentez-lui une idée : il ne la verra qu'à travers cette atmosphère qui l'entoure et qui, forcément, la colore et la défigurera peut-être. Ici apparaissent des obligations karmiques dont l'effet se répercute au loin et qui feront l'objet d'explications ultérieures.

Ces agrégations d'élémentals ne bornent pas leur influence à celle qu'ils exercent sur les hommes au moyen de leur corps du désir. Si cette entité collective, comme je l'ai dénommée, se compose de formes-pensées dangereuses, les élémentals qui les animent agissent comme forces de destruction et causent souvent de grands ravages sur le plan physique. Tourbillon d'énergies désagrégeantes, ils sont les sources abondantes d'accidents, de convulsions de la nature, de tempêtes, d'ouragans, de cyclones, de tremblements de terre et de déluges. Nous parlerons aussi plus loin de ces résultats karmiques.

CHAPITRE 5
COMMENT, EN PRINCIPE, SE FORME LE KARMA

Si nous avons bien saisi les rapports qui existent entre l'homme, le règne élémental et les énergies constructrices du mental, — énergies vraiment créatrices, en ce qu'elles appellent à l'existence les formes vivantes que nous avons décrites, — il nous est possible de comprendre, au moins en partie, quelque chose de la génération de Karma et de son fonctionnement, pendant une période d'existence. Je dis «période d'existence» de préférence à «existence» simplement, parce que celle-ci est trop courte si on la considère au sens ordinaire d'une seule incarnation, tandis qu'elle est trop vaste si on la prend pour l'existence totale, comprenant de nombreuses étapes faites avec un corps physique et d'autres, nombreuses aussi, faites sans lui. Par période d'existence, j'entends un court cycle d'existence humaine, avec ses expériences physiques, astrales et dévachaniques, y compris son retour au seuil du monde physique, les quatre étapes distinctes par lesquelles l'âme passe pour compléter son cycle. Ces étapes sont faites et refaites plusieurs fois pendant le voyage de l'éternel pèlerin, au cours de notre humanité présente, et malgré la grande diversité des expériences qui, au cours de chaque période semblable, varient en quantité aussi bien qu'en qualité, ladite période comprendra, pour la moyenne des hommes, ces quatre étapes et pas davantage.

Il est important de bien comprendre que l'on séjourne hors du corps physique beaucoup plus longtemps que dans ce même corps; on comprendrait très insuffisamment l'action de la loi karmique si l'on n'étudiait pas le mode d'activité de l'âme dans sa condition extra-physique. Rappelons les paroles d'un Maître, qui indiquent que la vie hors du corps est la seule vraie.

Les Védantins, tout en reconnaissant deux sortes d'existence consciente, la terrestre et la spirituelle, signalent cette dernière comme la seule dont la réalité actuelle soit incontestable. Quant à la vie terrestre, par sa mobilité et sa brièveté, elle n'est rien autre qu'une illusion de nos sens. Notre vie dans les sphères spirituelles doit être considérée comme une réalité, parce que c'est là que vit notre Moi éternel, immuable, immortel, le Sutrâtmâ. Voilà pourquoi nous disons que la vie posthume est la seule réalité, et que la vie terrestre, y compris la personnalité, est imaginaire[1].

Pendant la vie terrestre, l'activité de l'âme se manifeste plus directement dans la création des formes-pensées déjà décrites ; mais afin de suivre avec quelque exactitude l'action de Karma, il nous faut maintenant analyser le terme «forme-pensée», et ajouter certaines considérations forcément laissées de côté dans la vue d'ensemble exposée au début. Agissant en tant qu'esprit, l'âme crée une image mentale, la « forme-pensée» primitive. Conservons ce terme d'image mentale pour représenter exclusivement la création immédiate de l'esprit et, dorénavant, restreignons-en le sens au stage initial de ce que l'on entend, en général, par forme-pensée. Cette image mentale reste liée à son créateur, comme partie constituante de sa conscience; c'est une forme vivante et vibrante de matière subtile, le verbe exprimé en *pensée*, mais non en corps par la parole, conçu mais non encore fait chair. Que le lecteur concentre son esprit un moment sur cette image mentale, pour en obtenir une notion distincte, isolée de tout le reste, séparée des résultats qu'elle va produire sur les plans autres que le sien propre. Elle fait, nous venons de le voir, partie intégrante de la conscience de son créateur, partie de sa propriété inaliénable ; elle ne peut être séparée de lui ; il la porte avec lui pendant sa vie terrestre il franchit avec elle les portes de la mort ; il l'emporte dans les régions d'outre-tombe ; et si, pendant son voyage ascensionnel dans ces régions, il passe dans un air trop raréfié pour elle, il laisse derrière lui la partie la plus dense de sa matière et entraîne la matrice mentale, la forme essentielle ; à son retour dans la région plus grossière, la matière de ce plan est de nouveau moulée dans la matrice mentale et la forme appropriée, plus dense, est créée. Cette image mentale peut rester en sommeil pendant longtemps, mais elle peut aussi être réveillée et revivifiée ; toute impulsion nouvelle de la part de son créateur, de ses propres créatures à elle ou des entités d'un même genre que ses créatures vient accroître l'énergie de sa vie et modifier sa forme.

On verra qu'elle évolue d'après des lois définies, et que c'est l'assemblage de ces images mentales qui constitue le caractère de l'individu. L'extérieur est le miroir de l'intérieur, et, de même que les cellules s'assemblent dans les tissus du corps et subissent souvent de sérieuses modifications pendant ce travail, de même les images mentales se groupent et composent les caractéristiques de l'esprit subissant souvent de grandes modifications. L'étude du fonctionnement de Karma jettera beaucoup de lumière sur ces changements. Les facultés créatrices de l'âme peuvent utiliser bien des matériaux pour la formation des images mentales. Si l'âme est mue par le désir (Kâma), elle construit l'image d'après les suggestions de la passion ou de l'appétit ; si c'est un idéal plein de noblesse qui la stimule, elle agira en conséquence pour la création de l'image; celle-ci pourra être conformée d'après des conceptions purement intellectuelles, si telle est la tendance dominante. Mais, noble ou vile, intellectuelle ou passionnelle, utile ou nuisible, divine ou bestiale, elle n'en demeure pas moins en l'homme une image mentale, produit de l'âme créatrice et dont dépend le Karma individuel. Sans cette image mentale, il ne peut y avoir de Karma individuel pour relier une période d'existence à une autre; la présence de la qualité manasique est nécessaire pour fournir l'élément permanent dans lequel se fixe le Karma individuel. Aussi, dans les règnes minéral, végétal et animal, l'absence de Manas a pour corollaire la non-génération d'un Karma individuel pouvant s'étendre par la mort d'une existence à l'autre.

Considérons maintenant le rapport qui existe entre la forme-pensée primitive et la forme-pensée seconde, ou entre la forme-pensée pure et simple et celle qui est animée, entre l'image mentale et l'image astro-mentale, ou forme-pensée du plan astral inférieur. Comment est-elle produite? Qu'est-elle? Nous servant du symbole employé plus haut, nous dirons qu'elle est produite par le Verbe pensé devenu Verbe parlé ; l'Âme émet la pensée, tel un souffle et le son devient forme dans la matière astrale; de même que les idées de l'Esprit universel deviennent l'univers manifesté dès qu'elles sont émises, de même les images mentales deviennent, quand elles sont émises dans l'esprit humain, l'univers manifesté de leur créateur. *Il peuple son courant dans l'espace avec un monde à lui.* Les vibrations de l'image mentale en éveillent d'analogues dans la matière astrale plus dense et celles-ci produisent la forme-pensée secondaire que j'ai appelée image astro-mentale; l'image mentale proprement dite reste, comme il a été déjà dit, dans la conscience de son créateur, mais ses vibrations en sortent et reproduisent sa forme dans la matière plus dense du plan astral inférieur. C'est là la forme qui fournit une enveloppe à une partie de l'énergie élémentale, la particularisant pendant le temps que la forme dure, puisque l'élément mânasique de cette forme donne une teinte d'individualité à ce qui l'anime. (Que les correspondances dans la Nature sont donc merveilleuses et lumineuses !) C'est là l'entité active dont parle le Maître dans sa description et c'est cette image astro-mentale qui franchit les bornes du plan astral, conservant avec son auteur le lien magnétique dont il a été question, réagissant sur l'image mentale dont elle provient, et agissant également sur les autres. La durée d'une image astro-mentale est plus ou moins longue suivant les circonstances, mais sa disparition n'affecte pas la persistance de l'image mentale ; toute nouvelle impulsion donnée à cette dernière, lui fait produire à nouveau sa contrepartie astrale de la même façon que toute répétition d'un mot produit une forme nouvelle.

Les vibrations de l'image mentale ne descendent pas seulement au plan astral inférieur, mais elles montent aussi au plan spirituel qui est au-dessus[2] ; et de même qu'elles donnent lieu à une forme plus dense sur le plan inférieur, elles génèrent une forme beaucoup plus subtile, —puis-je même dire une forme? car ce n'en est pas une pour nous — sur le plan supérieur, dans l'Akâsha, cette matière du monde émanée du Logos lui-même. L'Akâsha est le magasin de toutes les formes, le trésor où l'Esprit universel infiniment riche verse les abondantes réserves des idées qui doivent prendre corps dans un univers (Cosmos) donné ; c'est là aussi que pénètrent les vibrations qui, dans le Cosmos, sont dues à toute pensée de toutes les intelligences, tous les désirs de toutes les entités kâmiques et toutes les actions accomplies par toutes les formes, sur tous les plans. Toutes laissent leur empreinte, produisant les images de tout ce qui arrive, images sans forme pour nous, mais bien précises pour les intelligences spiri-tuelles élevées ; et ces images akâshiques, comme nous les désignerons dorénavant, subsistent ainsi à jamais et sont les véritables annales karmiques, le livre des Lipikas[3] que peuvent lire tous ceux qui ont « l'œil ouvert de Dangma[4] ». C'est la réflexion de ces images akâshiques que l'attention exercée peut projeter sur l'écran de la matière astrale — à la façon d'un tableau projeté sur un écran par une plaque dans une lanterne magique, — de sorte qu'une scène du passé peut être reproduite dans sa réalité vivante et la justesse de ses détails, si lointaine que soit son existence ; car elle existe dans les annales akâshiques, imprimées une fois pour toutes. De toute page de ces annales, un voyant exercé peut tirer un tableau vivant et mobile, le dramatiser sur le plan astral et y vivre lui-même.

En suivant cette description imparfaite, le lecteur pourra se faire une certaine idée du Karma en tant que cause. Dans l'Akâsha se peindra l'image mentale créée par l'âme et inséparable d'elle, et aussi l'image astro-mentale qui en émane, créature active et animée parcourant le plan astral et produisant des effets innombrables, tous exactement représentés dans leurs rapports avec elle; ces effets permettent de remonter à l'image et par celle-ci jusqu'à son auteur, au moyen de fils que l'image astro-mentale aurait tissés pour ainsi dire de sa propre substance, à la façon d'une araignée, et reconnaissables chacun à sa nuance particulière. Quel que soit le nombre des fils qui ont pu avoir été ainsi tissés en vue d'un certain effet à obtenir, chacun d'eux est reconnaissable et peut être suivi jusqu'à son auteur premier qui est l'âme créatrice de l'image mentale. C'est ainsi que nous pouvons, à l'usage de nos intelligences épaisses et terre à terre, montrer, en un langage pauvre et insuffisant, comment les grands Seigneurs du Karma, administrateurs de la loi karmique, embrassent d'un seul coup d'œil la responsabilité de chaque individu, l'entière responsabilité de l'âme eu égard à l'image mentale qu'elle crée, et sa responsabilité partielle quant aux effets lointains de cette image, — responsabilité plus ou moins grande, chaque résultat étant fait aussi d'autres fils karmiques qui ont contribué à sa formation. Par là, également, nous pouvons comprendre le rôle prédominant que les mobiles jouent dans le fonctionnement de Karma et pourquoi les actes sont relativement limités dans leur énergie créatrice ; pourquoi Karma agit sur tous les plans en conformité avec les éléments constitutifs de chacun d'eux, tout en reliant ces plans l'un à l'autre par un fil continu.

Les conceptions lumineuses de la Religion Sagesse versent à flots leur lumière sur le monde, dispersant ces ténèbres, et révélant l'action de la justice absolue sous l'apparence des absurdités, des inégalités et des accidents de la vie ; il ne faut donc pas s'étonner de voir nos cœurs se fondre en une reconnaissance inexprimable envers ces Grands Êtres — bénis soient-Ils ! — qui tiennent haut la torche de la vérité au milieu de l'obscurité profonde, et nous libèrent de la tension qui allait nous briser, de l'agonie désolante que ce serait d'assister à des maux en apparence sans remède, de ne pas espérer en la justice, de ne plus compter sur l'amour :

Vous n'êtes pas captifs ! Douce est

> *l'âme des choses ; Le cœur de l'Être*
> *c'est le céleste repos ;*
> *Vouloir c'est triompher du mal : le*
> *Bien passé Qui fut depuis Meilleur*
> *doit devenir le Mieux.*
>
> ....
>
> *Telle est la Loi qui fait s'accomplir la*
> *justice Que personne, à la fin, ne*
> *détourne ou n'arrête ; Elle a pour*
> *cœur l'Amour, et son but, le voici :*
> *Paix, douce exécution du Sort. —*
> *Obéissez !*

Peut-être semblerons-nous plus clair en faisant un tableau montrant les triples résultats de l'action de l'âme, qui, considérés en principe plutôt qu'en détail, concourent à édifier le Karma en tant que cause. Voici ce que nous aurons pendant une période d'existence :

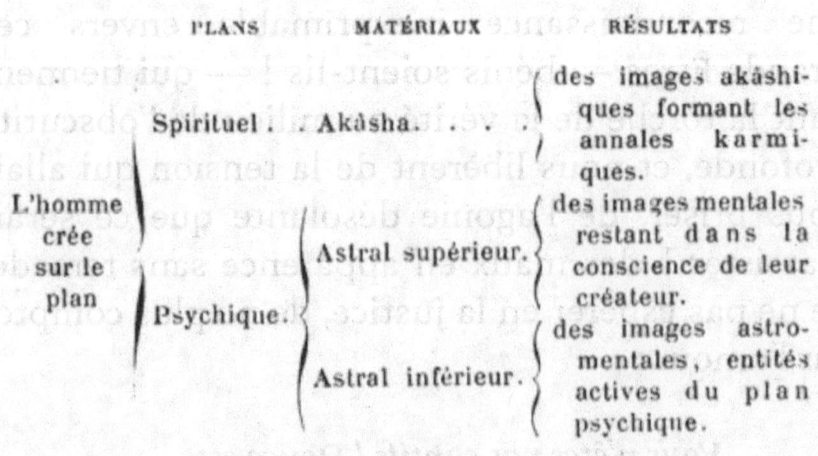

PLANS	MATÉRIAUX	RÉSULTATS
Spirituel	Akâsha. . . .	des images akâshiques formant les annales karmiques.
Psychique	Astral supérieur.	des images mentales restant dans la conscience de leur créateur.
	Astral inférieur.	des images astro-mentales, entités actives du plan psychique.

L'homme crée sur le plan Spirituel, Psychique.

Les résultats de ces images sont des tendances, capacités, activités, occasions, entourages, etc., destinés surtout aux vies à venir et sont produits conformément à des lois bien définies.

———————

1. *Lucifer*, octobre 1892. Art. « La vie et la Mort ».
2. Ces mots *monter* et *descendre*, peuvent induire en erreur, car, en réalité, les plans se pénètrent les uns les autres.
3. *Doctrine secrète*, I., édition franç., p. 118
4. *Doctrine secrète*, stance I du livre de Dzyan et voir p. 20.

CHAPITRE 6
DÉTAIL DE LA FORMATION DU KARMA

Il faut que l'étudiant reconnaisse en l'Âme humaine, en l'Ego, le créateur du Karma, une entité qui se forme, une individualité vivante, dont la sagesse et le développement mental progressent à mesure qu'il avance sur le chemin de son évolution séculaire ; il ne faut pas qu'il perde de vue l'identité fondamentale du Manas supérieur avec le Manas inférieur. C'est par commodité que nous les distinguons l'un de l'autre, mais la différence est dans leur fonctionnement et non dans leur nature. Le Manas supérieur c'est Manas opérant sur le plan spirituel, en possession de la pleine conscience de son passé; le Manas inférieur, c'est Manas opérant sur le plan psychique ou astral, voilé par la matière astrale, véhiculé par Kâma, ayant toutes ses activités mêlées à la nature passionnelle et colorées par elle ; dans une large mesure, il est aveuglé par la matière astrale qui l'entoure comme d'un voile ; il est en possession d'une partie seulement de la conscience mana-sique totale, partie qui, pour la grande majorité des hommes, est représentée par un choix limité des expériences les plus frappantes de la seule incar-nation en cours. Eu égard aux détails pratiques de la vie, telle que la considèrent la plupart des gens, le Manas inférieur est le « Je », ce que nous appe-lons l'Ego personnel ; la voix de la conscience, considérée d'une façon vague et confuse comme surnaturelle, comme la voix de Dieu, est, pour eux, la seule manifestation du Manas supérieur sur le plan psychique, et, très justement, ils la tiennent pour impérative, quelque erronée que soit l'opi-nion qu'ils se font sur sa nature. Mais l'étudiant doit se convaincre que le Manas inférieur ne fait qu'un avec le Soleil d'où il émane. Dans le ciel ou plan spirituel, le Manas-soleil luit constamment, émettant des Manas-rayons qui pénètrent sur le plan psychique; si, cependant, on les considère comme deux choses séparées, autrement que par commodité et pour distinguer leur fonctionne-ment, on fera naître une confusion inextricable.

L'Ego est donc une entité qui grandit, une quantité qui croît. Le rayon projeté est semblable à une main que l'on plonge dans l'eau pour y saisir un objet et que l'on retire ensuite refermée, tenant cet objet. L'accroissement de l'Ego dépend de la valeur des objets recueillis par sa main étendue, et l'importance de tout son travail, quand le rayon se retire, est limitée et conditionnée par les expériences recueillies pendant que ce rayon fonctionnait sur le plan psychique. C'est le cas d'un cultivateur qui s'en va travailler aux champs sous la pluie et le soleil, par le froid et le chaud et rentre le soir chez lui ; mais le cultivateur est en même temps propriétaire ; aussi les résultats de son labeur remplissent-ils ses greniers et enrichissent ses réserves. Chaque Ego personnel est la partie immédiatement agissante de l'Ego individuel ou persistant ; il représente ce dernier dans le monde inférieur; il est naturellement plus ou moins développé suivant le point atteint par l'Ego en tant que totalité ou individu.

Si ceci est bien compris, l'idée qu'il y a injustice à faire supporter à l'Ego personnel la succession de son héritage karmique disparaîtra de l'esprit du jeune étudiant en théosophie, qui voit là souvent une difficulté; il comprendra, en effet, que l'Ego qui fait le Karma récolte le Karma; le cultivateur qui avait semé, recueille sa moisson, bien que les vêtements qu'il portait aux semailles aient pu s'user entre ce moment et celui de la récolte. Les enveloppes astrales de l'Ego s'en sont allées en pièces également, entre les semailles et la récolte; il fait la moisson avec d'autres habits ; mais c'est bien « lui » qui a semé et c'est lui qui récolte. S'il a semé peu ou de la semence mal triée, c'est lui qui fera une

maigre récolte quand il se présentera comme mois-
sonneur.

Dans les premiers stages de son développement, les progrès de l'Ego seront excessivement
lents[1], parce que, ballotté çà et là par le désir, il
suivra les attractions du plan physique; les images
mentales qu'il créera seront, pour la plupart, de
l'espèce passionnelle et par conséquent les images
astro-mentales seront violentes et de peu de durée
au lieu d'être fortes et persistantes. Ces dernières
auront une durée en rapport avec la quantité d'éléments manasiques qui entreront dans la composi-
tion de l'image mentale. Une pensée ferme et
soutenue produira des images mentales nettement
définies et des images astro-mentales correspon-
dantes fortes et durables ; il y aura dans la vie un
but bien défini, un idéal nettement reconnu, vers
lequel le mental se reportera sans cesse et sur lequel il s'arrêtera continuellement ; cette image
mentale deviendra une influence dominante dans
la vie mentale et dirigera la grande majorité des
énergies de l'âme.

Étudions maintenant la formation de Karma
par le moyen de l'image mentale. Pendant une vie,
l'homme forme une collection innombrable
d'images mentales, les unes fortes, nettes,
constamment renforcées par des impulsions mentales répétées, les autres, faibles, vagues, tout juste
formées et dès lors abandonnées par l'esprit. À la
mort, l'âme se trouve enrichie par des myriades de

ces images mentales dont la nature aussi bien que la force et l'objet sont variables. Les unes représentent des inspirations spirituelles, le désir passionné de servir, la recherche du savoir, la promesse de se consacrer à la Vie supérieure.

D'autres sont purement intellectuelles ; ce sont les joyaux brillants de la pensée, quintessence des résultats de l'étude approfondie ; il en est d'émotionnelles et de passionnelles, respirant l'amour, la compassion, la tendresse, la dévotion, la colère, l'ambition, l'orgueil, la cupidité; il y en a qui proviennent des appétits corporels stimulés par le désir indompté et qui représentent des pensées de gloutonnerie, d'ivrognerie, de sensualité. Toute âme a sa conscience encombrée de ces images mentales, produits de sa vie mentale ; pas une pensée qui n'y soit représentée, si fugitive qu'elle ait été. Les images astro-mentales ont, fort souvent, pu disparaître depuis longtemps, n'avoir eu que la force suffisante pour durer un petit nombre d'heures, mais les images mentales demeurent parmi les possessions de l'âme ; pas une ne manque. L'âme emporte toutes ces images mentales avec elle, quand elle passe par la mort pour entrer dans le monde astral.

Le Kâma-Loka, ou lieu du désir, est divisé en de nombreuses couches, pour ainsi dire, et l'Âme, aussitôt après la mort, est encombrée de son corps du désir complet ou Kâma-Rupa ; toutes les images mentales formées par Kâma-Manas, qui sont d'une nature animale et grossière, sont puissantes sur les couches inférieures de ce monde astral. Une âme faiblement développée se complaira en ces images et les animera, se préparant ainsi à les répéter physiquement, dans sa prochaine existence. L'homme qui s'est complu aux pensées sensuelles et qui a formé des images de ce genre, non seulement sera attiré vers des scènes terrestres ayant rapport aux plaisirs des sens, mais il les répétera constamment en tant qu'actions dans son mental, cultivant ainsi, dans sa nature, des tendances de plus en plus fortes qui le pousseront à l'avenir à commettre des fautes analogues. Il en est de même d'autres images mentales formées avec des matériaux fournis par le corps du désir et appartenant à d'autres couches de Kâma-Loka. À mesure que l'Âme s'élève des couches inférieures vers les supérieures, les images mentales formées avec les matériaux des couches inférieures, perdent ces éléments et deviennent latentes dans la conscience ; c'est ce que H. P. Blavatsky avait l'habitude d'appeler des « privations de matière », ou idées, capables d'exister, mais en dehors de la manifestation matérielle. Le vêtement kâma-rupique se purifie de ses éléments grossiers, à mesure que l'Ego inférieur est attiré en haut, ou plutôt, en dedans, vers la région dévachanique, chacune des « coques » rejetées se désintégrant en temps voulu, jusqu'à ce que la dernière soit tombée et que le rayon se soit retiré complètement, libre de toute enveloppe astrale. Quand l'Ego retournera à la vie terrestre, ces images latentes seront projetées et attireront à elles les matériaux kâmiques qui leur seront nécessaires pour se manifester sur le plan astral; elles deviendront les appétits, les passions et les émotions inférieures du corps du désir, dans sa nouvelle incarnation.

Remarquons, en passant, que quelques-unes des images mentales qui environnent l'âme nouvellement arrivée, sont une source de bien des tourments dans les premières phases de la vie *post mortem* ; les croyances superstitieuses, par exemple, se présentent comme images mentales et torturent l'âme par des scènes d'horreur qui n'existent pas en réalité autour d'elle[2]. Toutes les images mentales formées par les passions et les appétits sont soumises au processus décrit plus haut et sont manifestées de nouveau par l'Ego dès son retour à la vie terrestre. Comme le dit l'auteur du *Plan Astral* :

Les lipikas, *ces grandes divinités karmiques du Cosmos, pèsent les actes de chaque personnalité au moment où a eu lieu la séparation finale de ses principes dans le Kâma-Loka, et fournissent en quelque sorte le moule du Linga-Sharîra le plus exactement approprié au Karma destiné à sa vie prochaine.*

Libérée pour le moment de ces éléments inférieurs, l'âme entre en Dévachan, où elle passe un temps proportionné au plus ou moins de richesse des images mentales suffisamment pures pour être transportées dans cette région. Là, elle retrouve chacun de ses efforts sublimes, quelque brefs ou éphémères qu'ils aient été ; là, elle les met en valeur, les amasse, et se prépare, à l'aide de ces matériaux, des pouvoirs pour ses vies futures.

La vie dévachanique est toute d'assimilation; il faut que les expériences recueillies sur la terre soient employées à la texture de l'âme ; c'est grâce à elles que l'Ego croît ; son développement dépend du nombre et de la variété des images mentales formées pendant son existence terrestre et qu'elle fixe en des types mieux appropriés et plus permanents. Réunissant ensemble les images mentales d'une même catégorie, elle en extrait l'essence ; par la méditation, elle crée un organe mental et y verse, sous forme de faculté, l'essence ainsi extraite. Par exemple, un homme a formé un grand nombre d'images mentales par des aspirations au savoir et par des efforts vers la compréhension des raisonnements subtils et élevés ; admettons qu'il quitte sa dépouille mortelle n'ayant que des facultés mentales ordinaires ; dans son Dévachan, il travaillera sur ces images mentales et les changera en capacités, de sorte que son Âme reviendra sur terre avec un bagage mental supérieur à celui qu'il possédait auparavant, avec des pouvoirs intellectuels plus étendus, qui lui permettront d'accomplir des tâches à la hauteur desquelles il ne pouvait arriver précédemment. C'est ainsi que les images mentales se transforment, et, par là même, cessent d'exister comme images. Si, dans des existences ultérieures, l'âme voulait les revoir comme elles étaient, elle devrait les chercher dans les annales karmiques, où elles restent gravées à jamais comme images akâshiques. Par cette transformation, elles cessent d'être des images mentales créées et façonnées par l'âme, et deviennent des facultés de l'âme, faisant partie intrinsèque de sa nature. Si donc un homme a le désir de posséder des facultés mentales plus élevées que celles qu'il a actuellement, il peut assurer leur développement en ayant délibérément la volonté de les acquérir, en visant à leur acquisition avec persistance ; car *ce qui est désir et aspiration dans une vie devient faculté dans une autre* ; *ce qui est volonté d'accomplir devient pouvoir d'exécuter*. Mais il faut se rappeler que la faculté ainsi formée est strictement limitée par les matériaux fournis à l'architecte ; rien ne se crée avec rien, et si l'âme, sur la terre, néglige d'exercer ses pouvoirs en semant la graine des aspirations et du désir, en Dévachan elle n'aura qu'une maigre récolte.

Les images mentales qui ont été constamment répétées mais qui manquent d'aspiration, d'ardeur à accomplir des choses plus grandes que ne le permettent les faibles pouvoirs de l'Âme, deviennent des tendances de pensée, des conduits, où court, aisée et forte, l'énergie mentale. De là l'importance à ne pas laisser l'esprit aller à la dérive, sans but, au milieu d'objets insignifiants, et à ne pas créer négligemment des images mentales empreintes de trivialité, dont on tolère le séjour dans l'esprit. Ces images, par leur persistance, formeront des canaux dont la force mentale se servira plus tard pour s'écouler, mais non sans serpenter sur des niveaux inférieurs et en suivant l'ornière accoutumée parce que son sillage indique la ligne de moindre résistance.

Lorsque la volonté ou le désir d'accomplir un acte n'ont pas abouti, non par faute de capacité, mais par manque d'occasion, ou parce que des circonstances ont empêché l'accomplissement, cette volonté ou ce désir produiront des images mentales qui, — si la nature de l'acte est élevée et pure, — seront exécutées par la pensée sur le plan dévachanique, et projetées comme actions au retour sur terre. Si l'image mentale a été faite du désir d'accomplir des actes bienfaisants, elle en causera l'accomplissement mental en Dévachan, et cet accomplissement, reflet de l'image elle-même, laissera cette dernière dans l'Ego comme image mentale intensifiée d'une action qui se réalisera, sur le plan physique, par un acte physique, au moment où l'occasion favorable provoquera la cristallisation de cette pensée en acte. L'acte physique devient inévitable quand l'image mentale s'est réalisée en acte sur le plan dévachanique. La même loi s'applique aux images mentales provenant de désirs inférieurs, bien que celles-là ne passent jamais en Dévachan ; elles restent néanmoins soumises au processus déjà décrit et se reforment pendant le retour sur terre. Par exemple, des images mentales formées par des désirs répétés de gain, se cristalliseront en des actes de vol quand les circonstances seront propices. Le Karma est complet comme cause, et l'acte physique devient son effet inévitable quand il atteint le point où une autre répétition de l'image mentale suffit à transformer celle-ci en action. Il ne faut pas oublier en effet que la répétition d'un acte tend à le rendre automatique, d'après une loi qui agit sur d'autres plans que le plan physique. Si donc un acte se trouve répété constamment sur le plan psychique, il deviendra automatique, et quand l'occasion se présentera, il sera imité automatiquement sur le plan physique. Que de fois l'on dit, après un crime : « Cela s'est fait avant que j'y aie pensé», ou «si j'y avais pensé un seul instant, je ne l'aurais jamais fait. » Il y a bien pour celui qui parle ainsi une excuse dans ce fait qu'il n'a été mû par aucune préméditation ; de plus, il est ignorant des pensées qui ont précédé et qui ont été une succession de causes aboutissant à un résultat inévitable. C'est ainsi qu'une solution saturée se solidifie si l'on y jette un seul cristal de plus ; à ce simple contact, la masse entière passe à l'état solide. Lorsque la masse des images mentales atteint son point de saturation, l'addition d'une seule image les concrétise sous la forme d'un acte. Et cet acte est inévitable, car la liberté du choix a été épuisée par la volonté répétée de produire l'image mentale ; l'impulsion mentale a réduit le physique à l'obéissance. Le désir d'agir, dans une vie, devient obligation de le faire dans une autre ; il semble que le désir soit une demande adressée à la Nature qui y répond en offrant l'occasion de le mettre à exécution[3].

Les images mentales recueillies par la mémoire comme représentant les expériences par lesquelles l'âme a passé pendant sa vie terrestre, —archives fidèles où est très exactement notée l'action sur elle du monde extérieur,— sont des documents sur lesquels elle doit également travailler. En les étudiant, en méditant sur eux, l'âme apprend à saisir leurs rapports réciproques, leur valeur comme moyen de comprendre l'action de l'intelligence Universelle dans la Nature manifestée. En un mot, par la pensée patiente elle en tire toutes les leçons qui y sont contenues ; leçons de plaisir et de peine, de plaisir engendrant la peine, de peine donnant naissance au plaisir, enseignant la présence de lois inviolables auxquelles il faut qu'elle apprenne à se conformer, leçons de succès et d'échec, de réussite et de découragement, de craintes sans fondement, d'espoirs sans réalisation, de force ne résistant pas à l'épreuve, de prétendu savoir se trahissant par ignorance, d'endurance patiente tirant la victoire d'une défaite apparente, de témérité changeant en défaite une apparente victoire. Toutes ces choses, l'âme les met à l'étude, et, par sa propre alchimie, change tout ce mélange d'expériences en or de sagesse, afin de revenir sur terre comme une âme plus sage, munie du résultat des épreuves de la vie passée, trouvant ainsi une aide pour faire face à celles qui se présenteront dans la vie nouvelle. Ici encore les images mentales se sont transformées et n'existent plus en tant qu'images mentales. On ne les retrouve sous leur ancienne forme que dans les annales karmiques.

C'est grâce aux images mentales représentant les expériences de la vie, et plus particulièrement au moyen de celles qui indiquent comment la souffrance est causée par l'ignorance de la loi, — que la conscience naît et se développe. Pendant ses existences terrestres successives, l'âme est poussée par le désir à se précipiter toujours aveuglément vers tout objet qui l'attire ; dans sa poursuite, elle se heurte à la loi et tombe meurtrie et saignante. Bien des expériences de ce genre lui enseignent que les satisfactions recherchées contrairement à la loi ne sont que des sources de peine, et lorsque, dans une existence terrestre nouvelle, le corps du désir tend à pousser l'âme vers une jouissance qui est le mal, la mémoire des expériences passées s'affirme comme conscience, rappelle tout haut la défense, et retient les sens, coursiers emportés qui iraient se jeter tête baissée à la poursuite des objets du désir. Au stage actuel de l'évolution, toutes les âmes, sauf les plus arriérées, ont passé par assez d'épreuves pour reconnaître dans leurs grandes lignes le « bien » et le « mal », c'est-à-dire l'harmonie ou la dissonance avec la Nature divine ; et, sur ces importantes questions de morale, une expérience longue et étendue rend l'âme capable de parler avec clarté et précision. Mais en ce qui concerne bien des questions plus élevées et plus subtiles se rapportant au stade actuel de l'évolution et non aux stades que nous avons dépassés, l'expérience est encore si restreinte, si insuffisante, qu'elle n'a pu encore être transformée en conscience et l'âme peut se tromper dans sa décision, quelque bien intentionné que soit son effort de voir clairement et d'agir pour le bien.

Ici, sa *volonté d'obéir* la met en accord avec la Nature divine sur les plans supérieurs, et son incapacité à voir *comment* il faut obéir sur le plan inférieur trouvera son remède, dans l'avenir, par la peine qu'elle éprouve à s'être jetée étourdiment à l'encontre de la loi. La souffrance lui apprendra ce qu'elle ignorait auparavant; ses expériences douloureuses deviendront conscience pour la préserver d'une semblable peine à l'avenir, pour lui donner la joie de connaître plus complètement Dieu dans la Nature, de s'accorder consciemment avec la loi de vie, de coopérer consciemment à l'œuvre de l'évolution.

À ce point, nous trouvons, en fait de principes définis de la loi karmique opérant avec les images mentales pour causes, que :

- Les aspirations et les désirs deviennent des capacités ;
- Les pensées répétées deviennent des tendances ;
- Les volontés d'agir deviennent des actes ;
- Les expériences deviennent la sagesse ;
- Les épreuves pénibles deviennent la conscience.

Quant à la coopération de la loi karmique avec des images astro-mentales, elle paraît devoir être plus à sa place dans le chapitre du fonctionnement de Karma que nous allons maintenant considérer.

---

1. Cf. La Naissance et l'Évolution de l'âme (*Birth and Evolution of the Soul*).
2. Cf. *Le Plan Astral*. C.W. Leadbeater, pp. 24-25.
3. Voir le chapitre suivant sur le fonctionnement de Karma.

CHAPITRE 7

LE FONCTIONNEMENT DE KARMA

Quand l'âme a épuisé sa vie dévachanique et fini d'assimiler tout ce qu'elle a pu des matériaux recueillis pendant sa dernière existence terrestre, elle commence par être attirée de nouveau vers la terre par les liens du désir qui la rattachaient à la vie matérielle. La dernière étape de sa période de vie se présente à elle, étape que va fermer le Portail de la naissance et pendant laquelle elle prendra un nouveau vêtement, un nouveau corps, pour une autre expérience de vie terrestre.

L'âme franchit le seuil du Dévachan pour passer sur ce qui a été appelé le plan de la réincarnation apportant avec elle les résultats, grands ou petits, de son travail dévachanique. Si c'est une âme jeune, elle n'aura gagné que peu de chose, car, au début de l'évolution de l'âme, les progrès sont plus lents que ne le pense la généralité des étudiants, et, pendant son enfance, ses jours d'existence se succèdent avec monotonie, chacune de ses vies terrestres ne semant que peu et chaque Dévachan ne mûrissant qu'un petit nombre de fruits. Mais, à mesure que ses facultés se développent, sa croissance va de plus en plus vite ; si bien que l'âme qui entre en Dévachan avec une abondance de matériaux en sort avec un grand accroissement de facultés, et cela d'après les lois générales dont il a été question.

L'âme quitte le Dévachan revêtue seulement de l'enveloppe qui subsiste et se perfectionne pendant la durée du Manvantara, entourée de l'aura qui lui appartient en tant qu'individualité; cette aura est plus ou moins resplendissante ou parée de couleurs diverses, plus ou moins lumineuse, précise ou étendue, selon le degré d'avancement que l'âme a atteint dans l'évolution. C'est au feu divin qu'elle a été forgée, et c'est comme Roi Soma[1] qu'elle fait son apparition.

En passant sur le plan astral, pendant son retour vers la terre, elle se revêt de nouveau d'un corps du désir ; — c'est le premier résultat de l'élaboration de son Karma passé. Les images mentales formées jadis avec «des matériaux émanant du désir, devenus latents dans la conscience — ou ce que H. P. Blavatsky avait coutume d'appeler des privations de la matière, — des choses capables d'exister, mais en dehors de toute manifestation matérielle, » — sont alors projetées au dehors par l'Âme, soutirent immédiatement de la matière du plan astral les éléments karmiques de même nature qu'elles, et deviennent les appétits, passions et émotions inférieures du corps du désir de l'Ego dans ses nouvelles réincarnations. Ce travail accompli, — travail tantôt très court et tantôt très prolongé — l'Ego se présente dans le vêtement karmique qu'il s'est préparé, prêt à être « habillé », à recevoir des mains des agents des Hauts Seigneurs du Karma le double éthérique[2] construit pour lui en rapport avec les éléments qu'il a fournis lui-même et d'après lequel une forme sera donnée à son corps physique, — la maison qu'il aura à habiter durant sa nouvelle vie terrestre. Ainsi se trouvent construits immédiatement, d'eux-mêmes, pour ainsi dire, l'Ego individuel et l'Ego personnel ; ce qu'il a pensé il l'est devenu ; ses qualités, ses «dons naturels» s'attachent tous à lui comme les résultats directs de ses pensées. L'homme, en toute vérité, est créé par lui-même ; il est, dans le sens le plus complet du mot, responsable de tout ce qu'il est.

Or cet homme va posséder un corps physique et un corps éthérique qui conditionneront largement l'exercice de ses facultés ; il va vivre dans un milieu particulier qui influencera ses manifestations extérieures ; il va suivre un sentier tracé par les causes qu'il a mises en mouvement et qui sont différentes de celles dont ses facultés lui présentent les effets ; il va être mêlé à des événements joyeux et tristes, résultat des forces qu'il a générées. Il semble qu'il soit besoin ici de quelque chose de plus que sa nature individuelle et personnelle. Comment le terrain sera-t-il préparé pour l'exercice de ses énergies ? Où trouver et comment adapter les uns aux autres les instruments opportuns et les circonstances réagissantes ?

Nous approchons d'une région dont on ne peut utilement parler que très peu, en ce sens qu'elle est celle de puissantes Intelligences spirituelles, dont la nature est bien au-delà de la portée de nos facultés limitées, dont il est loisible, il est vrai, de connaître l'existence et d'indiquer les œuvres, mais vis-à-vis desquelles nous tenons la place que le moins intelligent des animaux inférieurs occupe par rapport à nous ; cet animal peut savoir que nous existons, mais il n'a aucune idée de la nature et de l'étendue des opérations de notre conscience. Ces Grands Êtres sont dits les Lipikas et les quatre Mahârâjahs. On jugera, d'après les lignes suivantes, du peu que nous pouvons savoir sur les Lipikas :

Les Lipikas, dont la description est donnée au 6e Commentaire de la stance VI sont les Esprits de l'Univers.

(Ils) appartiennent à la partie la plus occulte de la cosmogénèse, qu'on ne peut révéler ici. L'auteur ne saurait dire si les Adeptes, même les plus élevés,

connaissent cet ordre angélique dans l'intégralité de ses triples degrés, ou s'ils ne connaissent que son degré inférieur, celui qui a rapport aux annales de notre monde, — mais il aurait tendance à incliner vers cette dernière supposition. Au sujet des degrés les plus élevés de l'ordre on n'enseigne qu'une chose, c'est que les Lipikas sont en relation avec Karma dont ils sont les archivistes immédiats[3].

Ils sont les «Sept Seconds» et Ils tiennent les archives astrales, remplies des images akashiques dont il a été question. Ils sont reliés à la destinée de chaque homme, à la naissance de chaque enfant[4].

Ils donnent « le moule du Linga Sharira » type du corps physique approprié à l'expression des facultés mentales et passionnelles évoluées par l'Ego qui doit y habiter et ils le remettent aux « Quatre », aux Mahârâjahs qui sont les protecteurs de l'humanité et aussi les agents de Karma sur terre[5].

C'est d'eux que H.P.Blavatsky écrit encore, en citant la Ve Stance du Livre de Dzyan :

Quatre «Roues ailées à chaque coin [...] pour les quatre saints et leurs armées ». Ceux-ci sont les « Quatre Mahârâjahs » ou Grands Rois des Dhyâns Chohans, les Devas, Qui président à chacun des quatre points cardinaux [...]

Ces Êtres sont également en rapport avec Karma qui a besoin d'agents physiques et matériels pour exécuter ses décrets[6].

En recevant des Lipikas le moule —ou, encore une fois, la « privation de matière » — les Mahârâjahs choisissent, pour composer le double éthérique, les éléments appropriés aux qualités qu'il devra servir à exprimer et ce double éthérique devient ainsi un instrument karmique convenable pour l'Ego, à qui il donne, à la fois, le moyen d'exprimer les facultés qu'il a évoluées, et les limitations qu'il s'est imposées à lui-même par ses fautes passées et sa négligence à saisir les occasions favorables. Les Mahârâjahs guident ce moule vers le pays, la race, la famille, le milieu social qui offrent le terrain le plus favorable à l'accomplissement du Karma qui va être le lot de la part de vie particulière en question, celui que l'Hindou appelle Pràrabdali ou Karma commençant, c'est-à-dire, celui qui doit être épuisé pendant la période de vie qui commence. Une seule existence ne suffit pas à épuiser tout le Karma accumulé dans le passé. On ne saurait fabriquer un instrument ni trouver un milieu permettant d'exprimer toutes les facultés que l'Ego a lentement évoluées, avec toutes les circonstances nécessaires à la récolte de toutes les moissons semées dans le passé, la possibilité de remplir toutes les obligations contractées envers d'autres Egos avec lesquels l'âme appelée à la réincarnation s'est trouvée en contact au cours de sa longue évolution. Ce n'est donc que la portion du Karma total qui peut être arrangée en vue d'une seule période d'existence qui trouve un double éthérique approprié ; le moule de ce dernier est alors guidé vers le terrain propice. Il est placé là où l'Ego pourra entrer en relations avec quelques-uns de ces Egos qu'il a connus dans son passé et qui sont eux-mêmes incarnés ou vont l'être pendant sa propre période d'existence. Le pays choisi est tel, qu'il s'y trouve des conditions religieuses, politiques et sociales appropriées à certaines de ses capacités, et compatibles avec l'occurrence de certains des effets qu'il a générés. Il est fait choix d'une race qui, tout en étant soumise aux lois plus générales de l'incarnation dans les races, lois dont il ne peut être question ici, présente des caractéristiques analogues à certaines des facultés qui sont près d'éclore, et dont le type convient à l'âme en voie de réincarnation. Puis, une famille est trouvée, dans laquelle l'hérédité physique a fait évoluer le genre de matériaux physiques qui, rassemblés dans le double éthérique, s'adapteront à sa constitution ; une famille dont l'organisation matérielle, générale ou particulière laissera le jeu libre aux natures passionnelle et mentale de l'Ego. Parmi les qualités multiples qui sont dans l'âme, et les multiples types physiques qui existent dans le monde, il peut être fait choix de tels d'entre eux qui s'adaptent les uns aux autres ; une enveloppe peut être faite qui soit à la mesure de l'Ego en attente ; il peut lui être donné un instrument et un champ d'action lui permettant d'évoluer une partie de son Karma. Tout insondables que soient pour nos faibles moyens la connaissance et le pouvoir nécessaires pour de pareilles adaptations, nous pouvons cependant entrevoir confusément qu'elles peuvent être réalisées, et que parfaite justice peut être faite.

Certes, la trame d'une destinée humaine peut être composée de fils qui nous paraissent innombrables, destinés à former un dessin d'une indescriptible complication; un fil a-t-il disparu? c'est qu'il a simplement passé en dessous pour revenir plus tard à l'endroit ; un fil se montre-t-il subitement ? c'est que, à la suite d'un long trajet en dessous, il s'est repris à émerger. Pour nous qui ne voyons qu'une partie du tissu, le destin peut échapper à notre faible vue. Cependant, ainsi que l'a décrit le sage Jamblique :

«Ce qui nous semble être une définition exacte de la justice n'a pas le même aspect pour les Dieux. En effet, ne regardant que ce qui est le plus près de nous, nous ne portons guère notre attention que sur les choses du présent, sur cette vie d'un moment et la façon dont elle subsiste. Au contraire, les Puissances qui nous sont supérieures connaissent l'ensemble de la vie de l'âme et toutes ses existences précédentes. »

L'assurance que « le monde est régi par la justice parfaite » s'affirme à mesure qu'augmente la connaissance de l'âme en évolution. En effet, dès que l'âme progresse, et commence à voir sur les plans élevés et à transmettre ce qu'elle sait à la conscience éveillée, nous apprenons avec une certitude toujours croissante, et, par suite, avec joie, que la bonne loi agit avec une exactitude invariable, que ses agents l'appliquent partout d'une façon infaillible, avec une force invincible, et que tout, dans ce monde où les âmes luttent, est pour le mieux. Dans les ténèbres retentit ce cri : « Tout va bien ! », poussé par les âmes qui veillent, qui portent le flambeau de la sagesse divine à travers les chemins obscurs de notre cité humaine.

Examinons quelques-uns des principes suivant lesquels opère la loi ; leur connaissance nous aidera à découvrir les causes et à comprendre les effets.

Nous avons vu déjà que *les pensées construisent le caractère*; rendons-nous compte, à présent, que *les actions font l'entourage*.

Ici nous avons affaire à un principe général, dont les effets sont très étendus ; aussi est-il bon de l'étudier un peu en détail. Par ses actions, l'homme affecte ses voisins sur le plan physique ; il répand autour de lui le bonheur ou cause la détresse ; il augmente ou diminue la somme du bien-être humain. Cette augmentation ou diminution de bonheur peuvent être dues à des motifs très divers: bons, mauvais, ou tenant des deux. Un homme peut répandre au loin le bonheur par un acte de pure bonté, par désir de réjouir ses semblables ; il peut, par exemple, dans ce but, offrir à une ville un parc pour le libre usage des habitants. Un autre peut accomplir le même acte par ostentation, par désir d'attirer l'attention de ceux qui distribuent les honneurs sociaux : mettons que ce don lui ait servi comme moyen d'obtenir un titre quelconque. Un troisième peut faire hommage d'un parc pour des raisons diverses, les unes égoïstes, les autres désintéressées. Ces motifs agiront différemment sur le caractère des trois hommes dans leurs incarnations futures ; les uns iront vers le progrès ; les autres vers la déchéance; d'autres n'obtiendront que de petits résultats. Mais l'effet de l'acte qui cause du bonheur à un grand nombre de personnes ne dépend pas du mobile qui a déterminé le donateur ; tous jouissent du parc, au même titre ; peu importe le motif qui a inspiré la donation, et cette jouissance établit, pour le donateur, un droit karmique que la Nature lui paiera scrupuleusement comme une dette. Il recevra un entourage physiquement confortable ou luxueux, parce qu'il a procuré un agrément physique étendu ; le sacrifice qu'il a fait de biens physiques lui apportera sa récompense légitime, le fruit karmique de son action. Tel est son droit. Mais l'usage qu'il fera de sa situation, le bonheur qu'il tirera de sa fortune et de son entourage dépendront principalement de son caractère, et là encore, la juste récompense lui échoit, chaque semence portant sa moisson propre.

Le fait de rendre service dans toute la mesure des occasions qui se présentent, pendant une vie, aura pour effet, dans une autre vie, d'amener des occasions de servir plus nombreuses ; et ainsi, celui qui, dans une sphère très limitée, aura aidé tous ceux qu'il a trouvés sur sa route, renaîtra dans une situation où les possibilités de rendre de sérieux services seront nombreuses et étendues.

De même, les occasions manquées réapparaissent, transformées en obstacles à l'action et en infortunes dans l'entourage. Par exemple, le cerveau du double éthérique sera construit d'une façon défectueuse et produira un cerveau physique défectueux ; l'Ego fera des projets, mais se sentira inférieur au point de vue de l'exécution ; ou bien il s'emparera d'une idée, mais sera incapable de l'imprimer nettement dans son cerveau. Les occasions manquées se transformeront en attentes déçues, en désirs qui ne se peuvent exprimer, en soif d'aider qui se tarit soit par incapacité même ou par absence d'opportunité.

Ce même principe est souvent en œuvre dans la perte d'un enfant chéri ou d'un adolescent bien-aimé. L'Ego qui a maltraité ou négligé celui qu'il devait aimer, soigner, protéger et assister de quelque manière, renaîtra probablement dans un milieu qui l'unira étroitement à celui qu'il aura négligé ; il s'attachera peut-être tendrement à lui ; mais ce ne sera que pour se le voir arracher par une mort prématurée. Le parent pauvre qui aura été méprisé pourra réapparaître comme l'héritier honoré, le fils unique ; et quand les parents désolés trouveront que leur maison est vide, ils s'étonneront « des voies inégales de la Providence », qui les prive de leur fils unique, en qui étaient toutes leurs espérances, laissant indemnes, au contraire, les nombreux enfants du voisin. Et pourtant les voies de Karma sont égales, quoique difficiles à découvrir, si ce n'est par ceux à qui on a ouvert les yeux.

Les vices de conformation proviennent des défectuosités du double éthérique; ce sont des peines à vie, infligées à ceux qui se sont révoltés contre la loi ou qui ont fait souffrir leur prochain. Tous sont produits sous l'influence des Seigneurs du Karma, et représentent la manifestation physique des difformités amenées par les erreurs, les excès, les défauts de l'Ego, dans le double éthérique formé par eux. De même, c'est de leur administration équitable de la loi que vient cette tendance complexe à la reproduction d'une maladie de famille, ainsi que la forme appropriée du double éthérique et la direction qui lui est donnée vers la famille où telle maladie est héréditaire et qui offre un « plasma continu » favorable au développement des germes requis.

Le développement des facultés artistiques, pour considérer un autre genre de qualités, sera assuré par les Seigneurs du Karma, au moyen d'un moule pour le double éthérique rendant possible la construction d'un système nerveux délicat, et souvent, par l'orientation de ce moule vers une famille dont les membres ont développé cette faculté spéciale de l'Ego, et cela, parfois, pendant des générations. Il est besoin, par exemple, pour exprimer la faculté musicale, d'un corps physique spécial, d'une délicatesse physique d'ouïe et de toucher, au développement de laquelle seule une hérédité physique convenable peut coopérer.

Le fait de rendre un service collectif à l'humanité, soit par un livre aux nobles idées ou par d'utiles discours, de répandre des idées élevées par la plume ou la parole, crée des titres qui sont scrupuleusement acquittés par les puissants agents de la loi. L'aide ainsi donnée revient au donateur sous forme de secours, d'assistance mentale et spirituelle, qui lui sont acquis en vertu d'un droit.

Nous pouvons embrasser ainsi les principes généraux de l'action karmique et les rôles respectifs des Seigneurs du Karma et de l'Ego lui-même dans la destinée de l'individu. L'Ego apporte tous les matériaux, mais ceux-ci sont employés par les Seigneurs du Karma ou par l'Ego lui-même en raison de leur nature respective. Ce dernier construit le caractère et se développe lui-même graduellement ; les premiers construisent le moule limitatif, choisissent l'entourage, et, en général, adaptent et ajustent, afin que la bonne loi puisse trouver son expression infaillible en dépit des volontés contraires des hommes.

---

1. Nom mystique, plein de signification pour celui qui connaît le rôle joué par Soma dans certains mystères antiques.

2. Appelé jusqu'ici le Linga Sharira, dénomination qui a donné lieu à beaucoup de confusion.
3. *Doctrine secrète*, I, p. 113.
4. *Doctrine secrète*, I, p. 88.
5. *Doctrine secrète*, I, p. 111.
6. *Doctrine secrète*, I, p. 107.

CHAPITRE 8

COMMENT ENVISAGER LES RÉSULTATS KARMIQUES

Quelquefois l'on est d'avis, dès qu'on a reconnu l'existence du Karma, que si tout est l'œuvre de la loi, nous ne sommes que les esclaves impuissants de la destinée. Avant de considérer comment la loi sert à diriger la destinée, étudions un cas-type pour voir comment la nécessité et le libre arbitre — pour employer les termes en usage — se trouvent simultanément à l'œuvre, et travaillent harmonieusement ensemble.

Un homme vient au monde avec certaines facultés morales innées, —prenons-les d'une moyenne ordinaire — avec une nature passionnelle manifestant des caractéristiques définies, les unes bonnes, les autres mauvaises, avec un double éthérique et un corps physique sains et assez bien conformés, sans être particulièrement remarquables. Tel est son cadre, nettement tracé ; et quand il a atteint sa virilité, il se voit à la tête de cette « provision » d'éléments mentaux, passionnels, astraux et physiques dont il a à tirer parti de son mieux. Il y a nombre de hauteurs intellectuelles qu'il lui sera absolument impossible d'atteindre, des conceptions que ses potentialités ne lui permettront pas de saisir. Il est des tentations auxquelles le dispose sa nature passionnelle, malgré tous ses efforts; il est des triomphes de force et d'habileté physiques qu'il ne pourra réaliser ; en résumé, il s'apercevra qu'il ne peut pas plus penser comme un homme de génie, que rivaliser de beauté avec un Apollon. Il est entouré par un cercle qui le limite et qu'il ne peut franchir, quelque vif que soit son désir de liberté. En outre, il y a des ennuis de plus d'une sorte qu'il ne peut éviter et qui l'assaillent ; il ne peut que subir sa peine ; il ne peut s'y soustraire.

Voici, en réalité, comment les choses se passent.

L'homme est borné par ses pensées passées, par le gaspillage des bonnes occasions, par ses choix erronés, par ses sottes complaisances ; il est lié par ses désirs oubliés, enchaîné par ses erreurs de jadis. Et cependant ce n'est pas lui, l'homme réel qui est lié. Lui, *l'auteur du passé qui emprisonne son présent peut travailler dans sa prison et se créer un avenir de liberté.* Bien plus, il suffit qu'il sache seulement qu'il est libre, et ses fers tomberont de ses membres ; à mesure que son savoir augmentera ses liens deviendront plus illusoires. Mais pour l'homme ordinaire, à qui le savoir viendra comme une étincelle, et non comme une flamme, le premier pas dans la liberté sera d'accepter ses limitations puisqu'il en est l'auteur et de s'efforcer de les reculer. À vrai dire, il ne peut penser dès l'abord comme un homme de génie, mais il peut penser au mieux de ses facultés, et peu à peu il deviendra un génie ; il peut créer du pouvoir pour l'avenir, et il l'obtiendra. Il ne lui est assurément pas possible de se débarrasser en un moment de ses folies, mais il peut lutter contre elles, et, s'il succombe, continuer à combattre avec la certitude de vaincre.

Il a, en vérité, des faiblesses et des laideurs astrales et physiques ; mais, à mesure que sa pensée devient plus, forte, plus pure, plus belle, et son œuvre plus utile, il s'assure des formes plus parfaites pour les jours futurs. Au milieu de sa prison, il est toujours lui-même : l'Âme libre ; et il peut renverser les murailles qu'il a lui-même bâties. Il n'a d'autre geôlier que lui-même ; il peut vouloir sa liberté, et c'est cette volonté qui la lui obtiendra.

Une peine lui échoit ; il est privé d'un ami ; il commet une faute sérieuse. Soit : dans le passé, c'est le penseur qui a péché ; dans le présent, c'est l'acteur qui souffre. Mais son ami n'est pas perdu ; un lien d'affection le rattache à lui et plus tard il le retrouvera ; d'ici là, il en est d'autres autour de lui à qui il peut rendre les services qu'il aurait prodigués à celui qu'il aimait, et il ne négligera plus les devoirs à accomplir, de peur de récolter une perte analogue dans les vies futures.

Il a commis une faute manifeste et il en supporte la peine ; or il l'avait commise en pensée jadis, sans quoi il ne l'aurait pas perpétrée maintenant ; il supportera patiemment la peine que lui a valu sa pensée, et pensera aujourd'hui de telle sorte que ses lendemains soient exempts de reproche. Là où étaient les ténèbres paraît un rayon de lumière et cette lumière lui chante :

> « O toi qui souffres ! Sache Que par
> toi seul tu souffres ; Nul autre
> ne t'y force. »

La loi qui semblait être une entrave, s'est changée en ailes, et grâce à elle il peut s'élever à des hauteurs dont il n'aurait pu faire, sans elle, que rêver.

CHAPITRE 9

CONSTRUCTION DE L'AVENIR

La foule des âmes s'écoule et avance guidée par la course lente du Temps. La terre les entraîne dans son mouvement, et quand un globe succède à un autre, elles passent de l'un à l'autre. Mais la Religion de la Sagesse est de nouveau proclamée au monde pour que celles qui en ont le désir cessent de flotter au hasard et puissent apprendre à devancer la lente évolution des mondes.

L'étudiant qui saisit quelque chose de la signification de la loi, de sa certitude absolue, de son exactitude infaillible, commence à se posséder et à diriger sa propre évolution. Il scrute son propre caractère et se met à le modeler, s'efforçant d'exercer ses qualités mentales et morales, élargissant ses capacités, fortifiant ses faiblesses, pourvoyant aux insuffisances, extirpant les inutilités. Il sait qu'il deviendra ce sur quoi il médite; en conséquence, il médite délibérément et avec régularité sur un idéal noble, car il comprend pourquoi le grand initié chrétien, Paul, recommandait à ses disciples «d'appliquer la pensée» aux choses vraies, honnêtes, justes, pures, aimables et de bonne renommée. C'est journellement qu'il méditera sur son idéal ; journellement il s'efforcera de le vivre, et cela avec persévérance et calme, « sans hâte, sans repos», sachant qu'il construit sur des fondations solides, sur le roc de la loi éternelle. Il en appelle à la loi ; il prend son refuge dans la loi. Pour un tel homme, il n'y a pas de chute ; il n'existe pas de puissance dans le ciel ou sur la terre qui puisse lui barrer la route. Pendant sa vie terrestre, il amasse des expériences, en utilisant tout ce qui se présente sur son chemin ; pendant le Dévachan il les assimile et trace le plan de ses constructions futures.

C'est en cela que réside la valeur d'une vraie théorie de la vie, alors même que cette théorie repose sur le témoignage d'autrui plutôt que sur la connaissance individuelle. L'homme qui accepte et comprend en partie l'œuvre de Karma, peut commencer de suite à construire son caractère, posant chaque pierre avec un soin réfléchi, sachant que c'est pour l'éternité qu'il bâtit. C'en est fini d'entasser ou de démolir à la hâte, de suivre aujourd'hui un plan, demain un autre, de n'en plus avoir aucun le jour suivant ; maintenant, le tracé de ce qu'on pourrait appeler un plan de caractère, bien mûri, existe, et l'édification se poursuit d'après ce plan. L'âme, en effet, se fait architecte aussi bien que maçon et ne perd plus de temps en commencements manqués. De là la vitesse avec laquelle les derniers stades de l'évolution s'accomplissent et les progrès étonnants et presque incroyables que fait l'âme forte, dès qu'elle a atteint sa virilité.

CHAPITRE 10

COMMENT LE KARMA PEUT ÊTRE FAÇONNÉ

L'homme qui se met délibérément à édifier l'avenir se rendra compte, à mesure que son savoir augmente, qu'il peut faire plus que mouler son propre caractère, mais bien composer ainsi sa destinée future. Il commence à comprendre qu'il est très réellement au centre des choses ; qu'il est un être vivant, actif, libre de ses déterminations, et capable d'agir sur les circonstances aussi bien que sur lui-même. Il s'est accoutumé depuis longtemps à suivre les grandes lois morales établies pour la conduite de l'humanité par les Instructeurs divins qui sont nés d'âge en âge; il comprend maintenant que ces lois ont pour base les principes fondamentaux de la Nature et que la moralité n'est que la science appliquée à la conduite de l'homme. Il voit que, dans la vie journalière, il peut neutraliser les résultats mauvais qui découlent d'actes mauvais, en apportant, sur le même point, l'effort d'une force correspondante tournée vers le bien. Un homme, par exemple, dirige contre lui une pensée mauvaise : il pourrait l'affronter avec une pensée du même genre, et alors les deux formes-pensées, se fondant ensemble comme deux gouttes d'eau, se renforceraient, se fortifieraient l'une par l'autre ; mais celui contre qui est lancée la pensée mauvaise sait ce qu'est Karma, et oppose à la force malveillante la force de la compassion ; il met ainsi l'autre en miettes ; la forme brisée ne peut plus être animée par la vie élémentale ; la vie retourne à son foyer, la forme se désintègre, sa puissance pour le mal est détruite par la compassion, et « la haine cesse par l'amour ».

Ces formes trompeuses de mensonge cheminent dans le monde astral : l'homme qui sait envoie contre elles des formes de vérité ; la pureté chasse l'impureté, et la charité détruit l'avidité égoïste. À mesure que le savoir augmente, cette action s'exerce directement et à propos ; la pensée poursuit un but avec une intention définie et est portée sur les ailes d'une puissante volonté. De cette façon, le mauvais Karma est enrayé dans son principe même, et il ne reste rien pour établir un lien karmique entre celui qui a lancé le trait qui doit blesser et celui qui l'a volatilisé par le pardon. Les Instructeurs divins qui ont parlé avec autorité sur le devoir de combattre le mal par le bien, basaient leurs enseignements sur la connaissance qu'ils avaient de la loi ; leurs disciples, qui leur obéissent sans percevoir entièrement la base scientifique du précepte, diminuent le lourd Karma qui prendrait naissance s'ils répondaient à la haine par la haine. Quant aux hommes qui savent, ils détruisent avec réflexion les formes du mal, car ils comprennent les faits sur lesquels a toujours été basé l'enseignement des Maîtres ; ils frappent de stérilité les semences du mal, et empêchent une future moisson de souffrance.

Arrivé à un degré relativement avancé, si on le compare à celui qu'atteint la moyenne de l'humanité qui va lentement à la dérive, l'homme ne se contentera pas de construire son caractère, ni même de mettre à profit de son mieux les formes-pensées qu'il trouve sur sa route ; il commencera à voir le passé et, par là, à mesurer le présent, allant des causes karmiques à leurs effets. Il devient capable de modifier l'avenir en mettant consciemment en œuvre des forces destinées à en contrebalancer d'autres qui sont déjà en mouvement. La connaissance le rend capable d'utiliser la loi aussi sûrement que le font les savants dans les différents règnes de la Nature.

Arrêtons-nous un moment pour considérer les lois du mouvement. Un corps mis en mouvement se meut dans un sens défini : si une autre force vient agir sur lui suivant une direction différente, son mouvement se produira dans une direction nouvelle qui sera la résultante des deux impulsions. Il n'y aura aucune perte d'énergie, mais une partie de la force initiale sera employée à contrebalancer la nouvelle, et la ligne suivant laquelle le corps va se mouvoir ne sera ni celle de la première force, ni celle de la seconde, mais une ligne intermédiaire qui participe des deux directions. Un physicien peut calculer exactement sous quel angle il faut frapper un corps en mouvement pour lui faire suivre une direction voulue, et, bien que le corps lui-même puisse se trouver hors de sa portée immédiate, il peut envoyer dans sa direction une force donnée, d'une vitesse calculée, de façon à le frapper sous un angle donné, à le détourner ainsi de sa route première et à le pousser sur une ligne nouvelle. En cela il n'y a ni violation de la loi, ni entrave, mais seulement utilisation de la loi par le savoir, conquête des forces naturelles, obligées d'accomplir les desseins de la volonté humaine.

Appliquons ce principe lorsqu'il s'agit de façonner le Karma ; nous verrons de suite, en dehors du fait de l'inviolabilité de la loi, que ce n'est pas « contrarier l'action de Karma » que de la modifier par la connaissance. Nous nous servons d'une force karmique pour modifier des résultats karmiques et, une fois de plus, c'est par l'obéissance que nous faisons la conquête de la Nature.

Supposons maintenant qu'un étudiant avancé, en jetant ses regards en arrière, voie les lignes d'un Karma passé converger vers un centre d'action de nature fâcheuse ; il pourra faire intervenir une force nouvelle parmi ces énergies convergentes et modifier ainsi l'événement qui doit résulter de toutes les forces utilisées pour sa génération et sa maturation. — Mais une opération de ce genre nécessite chez lui la connaissance; non pas seulement le pouvoir de voir le passé et de tracer les lignes qui le rattachent au présent, mais celui de calculer exactement l'influence que va exercer la force introduite par lui et surtout les effets qui découleront de cette résultante considérée à son tour comme cause. Il peut de cette façon diminuer ou détruire les résultats du mal causé par lui dans le passé, en répandant des forces bienfaisantes dans son courant karmique ; il ne peut ni défaire ni détruire le passé, mais, autant que les effets en sont encore à venir, il peut modifier ceux-ci ou les retourner par les forces nouvelles qu'il apporte et qu'il fait agir comme causes dans leur production. En tout ceci, il ne fait qu'utiliser la loi, travaillant avec la certitude de l'homme de science qui équilibre une force par une autre, et qui, incapable de détruire un atome d'énergie, peut cependant obliger un corps à se mouvoir comme il le désire, par un calcul d'angles et de forces. On peut, de même, accélérer ou retarder le Karma, et lui faire subir des modifications par l'action de l'entourage dans lequel il se forme.

Répétons la même chose sous une autre forme, car la conception en est importante et féconde. À mesure que la connaissance augmente, il devient de plus en plus facile de se débarrasser du Karma du passé. Les causes, à mesure que leurs effets se préparent, viennent toutes dans le champ visuel de l'âme qui approche de sa libération ; car elle considère ses vies passées et jette un regard rétrospectif sur les siècles qu'elle a lentement franchis ; elle peut alors se rendre compte de la manière dont se sont formés ses liens, et des causes qu'elle a mises en mouvement ; elle peut voir combien de ces causes ont été mises en œuvre et se sont épuisées, et combien il en reste encore qui sont en voie d'accomplissement. Elle peut regarder non seulement en arrière, mais aussi en avant et voir les effets que ces causes produiront, de sorte que, en regardant en avant, elle aperçoit les effets qui seront produits et, en regardant en arrière, elle voit les causes qui amèneront ces effets. Il n'y a aucune difficulté à supposer que si, dans la nature physique ordinaire, la connaissance de certaines lois nous rend capables de prédire un résultat et de voir quelle loi le produit, transportant cette idée sur un plan plus élevé, nous puissions imaginer un état de l'âme développée qui lui permette de voir les causes karmiques qu'elle a mises en mouvement derrière elle et les effets karmiques au milieu desquels elle aura à travailler dans l'avenir.

Avec une semblable connaissance des causes et la vision de leurs résultats, il est possible de faire intervenir des causes nouvelles pour neutraliser ces effets et de préparer pour l'avenir les effets que nous désirons, en utilisant la loi, en nous confiant absolument à son caractère immuable et invariable, et en calculant avec soin les forces mises en jeu. C'est une simple affaire de calcul.

Supposez que, dans le passé, des vibrations de haine aient été mises en mouvement ; nous pouvons résolument nous mettre à travailler à les anéantir, pour les empêcher d'agir dans le présent et l'avenir, et cela en leur opposant des vibrations d'amour. C'est ainsi que, en prenant une première onde sonore, puis une seconde et en les lançant toutes deux, l'une légèrement en retard sur l'autre, de façon que les vibrations de la partie la plus dense de l'une correspondent à la partie la moins dense de l'autre, nous pouvons, de ces sons, faire du silence par interférence ; de même, dans des régions supérieures, il est possible avec des vibrations d'amour et de haine employées en connaissance de cause et contrôlées par la volonté, de mettre fin à des causes karmiques et d'arriver ainsi à l'équilibre, mot qui veut dire aussi libération.

Cette connaissance est hors de la portée de la grande majorité des hommes. Voici ce que l'on peut faire, si on tient à utiliser la Science de l'âme. On peut prendre le témoignage d'hommes expérimentés dans la matière, suivre les préceptes de morale des grands Instructeurs religieux du monde et, par l'obéissance à ces préceptes, —auxquels correspond l'intuition, bien que cette méthode de travail puisse ne pas être comprise — arriver à accomplir ce que peut accomplir directement un savoir éclairé et conscient et ainsi, le dévouement et l'obéissance à un Maître peuvent travailler en vue de la libération comme pourrait le faire, quoique différemment, la connaissance.

En appliquant partout ces principes, l'étudiant commencera à se convaincre du retard que fait subir à l'homme son ignorance, et du rôle important que joue la connaissance dans l'évolution humaine. Les hommes vont à la dérive parce qu'ils ne savent pas; ils sont impuissants parce qu'ils sont aveugles. Celui qui veut faire son chemin plus vite que le commun des mortels et distancer, la foule paresseuse, « comme le cheval de course laisse derrière lui le bidet », celui-là a besoin de sagesse tout à la fois et d'amour, de savoir autant que de dévouement. Il n'est pas dans l'obligation d'user lentement les mailles des chaînes qu'il a forgées dans un passé lointain ; il peut, rapidement les couper à la lime, et se débarrasser d'elles aussi complètement que si la rouille l'en avait lentement délivré.

CHAPITRE II

COMMENT LE KARMA PREND FIN

Le Karma nous amène à renaître sans cesse et nous attache à la roue des naissances et des morts. Le bon Karma nous entraîne aussi inexorablement que le mauvais, et la chaîne forgée à l'aide des vertus attache aussi solidement, aussi étroitement que celle faite de nos vices. Aussi, comment arrêter la construction de cette chaîne puisque l'homme doit penser et sentir tant qu'il vivra, et que les pensées et les sensations engendrent du Karma ? La réponse à cette question, c'est la leçon que nous trouvons dans la *Bhagavad Gîtâ*, la sublime leçon qui est enseignée au prince guerrier. Ce n'est ni à un ermite ni à un étudiant que cette leçon a été donnée, mais au guerrier qui combat pour la victoire, au prince qui se débat au milieu des devoirs de son état.

Nous y voyons que ce n'est pas dans l'acte lui-même, mais dans le désir, dans l'attachement au fruit de l'action que réside la force qui lie. Une action est-elle accomplie avec le désir de jouir de son fruit, une règle de conduite est-elle suivie pour en obtenir les résultats ? L'âme attend et la Nature est dans l'obligation de lui répondre ; elle a demandé, la Nature doit donner. De chaque cause dépend son effet, de chaque action, son fruit ; le désir est le lien qui les unit, le fil qui va de l'un à l'autre. Si ce fil pouvait être brûlé, la liaison cesserait ; quand tous les liens du cœur sont brisés, l'âme est libre. Karma ne peut plus la retenir alors ; Karma ne peut plus la lier ; la roue de la cause et de l'effet continue à tourner, mais l'âme devient la vie libérée.

Sans attachement, accomplis constamment l'action qui est le devoir; car c'est en accomplissant l'action sans attachement que l'homme atteint vraiment le Suprême[1].

Pour parfaire ce Karma-Yoga, —ou, suivant son vrai nom Yoga de l'action, — l'homme doit accomplir chaque œuvre comme un devoir et tout faire en harmonie avec la loi. En cherchant à se conformer à la loi, quel que soit d'ailleurs le plan de l'existence où il est occupé, il tend à devenir une force agissant de concert avec la Volonté divine pour travailler à l'évolution et aspirant à une obéissance parfaite dans toutes les phases de son activité. De cette façon, chacune de ses actions revêt le caractère du sacrifice ; elle est offerte pour aider à la révolution de la roue de la loi et non pour le fruit qu'elle pourra produire ; l'action est accomplie comme un devoir, le fruit en est donné avec joie pour aider le prochain, sans que celui qui agit s'en préoccupe ; le fruit appartient à la loi ; c'est à elle qu'il le laisse pour qu'elle le distribue.

Aussi lisons-nous :

Celui dont toutes les entreprises sont exemptes des formes du désir, dont les actions sont consumées par le feu de la sagesse, celui-là est appelé un Sage par ceux qui sont déjà sages spirituellement.

Il a abandonné tout attachement au fruit de l'action ; toujours satisfait, il ne cherche refuge auprès de personne ; il agit et pourtant ne fait rien.

Délivré du désir, il contrôle ses pensées par le Soi ; ayant abandonné tout attachement, il n'accomplit l'action que par le corps seul, et ne commet pas de péché.

Satisfait, quoiqu'il reçoive, impassible en présence des contraires, sans envie, conservant son équilibre en présence du succès comme de l'échec, il n'est pas lié, bien qu'il ait agi.

En effet, si l'attachement est mort en lui, si l'harmonie l'environne, si ses pensées sont fixées sur la sagesse, si ses œuvres sont des sacrifices, l'action s'évanouit tout entière[2].

Le corps et l'esprit mettent en œuvre toutes leurs activités ; le corps accomplit toute action corporelle, l'esprit, toute action mentale ; mais le soi demeure serein, paisible ; il ne prête rien de son essence éternelle pour forger les chaînes du temps.

L'action bonne n'est jamais négligée ; elle est accomplie fidèlement, dans toute l'étendue des pouvoirs existants, le renoncement au fruit n'impliquant ni paresse ni incurie dans l'acte.

De même que l'ignorant agit par attachement pour l'œuvre, ô Bhârata, que le sage agisse sans attachement, désirant le bien-être de l'humanité.

Qu'aucun homme sage ne trouble l'esprit du peuple ignorant, encore attaché à l'action; mais que, agissant en harmonie (avec Moi), il rende toute œuvre attractive[3].

L'homme qui atteint cet état « d'inaction dans l'action» a appris le secret par lequel on met fin au Karma ; il détruit par la connaissance l'action qu'il a générée dans le passé, il neutralise l'action présente par le dévouement. C'est alors qu'il atteint l'état dont « Jean le Divin parle dans sa Révélation, l'état dans lequel l'homme ne sort plus du temple. Car l'âme sort bien souvent du temple pour aller dans les plaines de la vie ; mais arrive un temps où l'homme devient un pilier, « un pilier du temple de mon Dieu ». Ce temple est l'Univers des âmes libérées, et celles-là seules que l'intérêt personnel ne lie à rien peuvent être liées à tous au nom de la Vie Une.

Puis ces liens du désir, du désir personnel, ou plutôt individuel, doivent être brisés. Nous pouvons voir comment pourra commencer cette rupture ; et ici se présente une erreur dans laquelle sont exposés à tomber beaucoup de jeunes étudiants, erreur si naturelle et si facile qu'elle apparaît constamment. Ce n'est pas en essayant de tuer le cœur que nous briserons « les liens du cœur ». Nous ne briserons pas les liens du désir en essayant de nous transformer en pierres ou en morceaux de métal incapables de sentir. Le disciple acquiert plus et non pas moins de sensibilité à mesure qu'il approche de sa libération ; il devient plus tendre, et non plus dur ; car « le disciple parfait qui est comme le Maître », est celui qui répond à toute vibration de l'univers extérieur, qui est touché par toute chose et répond, qui ressent tout et répond à tout, et qui, précisément parce qu'il ne désire rien pour lui-même, est capable de tout donner à tous. Un tel homme ne peut être tenu par Karma, il ne forge aucun lien qui enchaîne l'âme. À mesure que le disciple joue de plus en plus dans le monde le rôle d'un canal pour la Vie Divine, il ne demande rien de plus que d'être ce canal, s'élargissant de plus en plus, pour laisser couler la grande Vie; son seul désir est de devenir un réceptacle plus grand et de trouver en lui-même moins d'obstacles au déversement extérieur de la Vie. Ne travailler pour rien autre que pour servir, telle est la vie du disciple, vie dans laquelle les liens qui enchaînent sont brisés.

Cependant, il y a un lien qui ne se brise jamais ; celui de cette unité réelle qui n'est pas un lien, car on ne saurait distinguer en lui un caractère séparé; ce qui unit l'Un au Tout, le disciple au Maître, le

Maître à Son disciple; la Vie divine qui nous attire toujours en avant et en haut sans nous lier à la roue de la vie et de la mort. Nous sommes ramenés à la terre d'abord par le désir des plaisirs que nous y trouvons, puis par des désirs de plus en plus élevés, ayant encore la terre pour zone d'exercice : la connaissance spirituelle, la croissance spirituelle, le dévouement spirituel. Or qu'est-ce qui lie encore les Maîtres au monde des humains, quand tout est accompli ? Rien que le monde puisse leur offrir. Il n'y a pas sur terre de connaissance qu'Ils n'aient, pas de pouvoir qu'Ils n'exercent pas, d'expérience nouvelle qui puisse enrichir Leur vie ; rien de ce que donne le monde ne peut Les ramener à la naissance. Et cependant Ils viennent, parce qu'une impulsion divine, jaillissant du dedans et non du dehors, Les envoie vers la terre — qu'ils pourraient, sans cela, quitter à jamais, — pour aider Leurs frères, et travailler de siècle en siècle, de millénium en millénium, au bonheur et au service des hommes : c'est ce qui rend ineffable Leur amour et Leur paix. En retour, la terre ne peut rien Leur donner si ce n'est la joie de voir d'autres âmes croître à Leur ressemblance et commencer à partager avec Eux la vie consciente de Dieu.

---

1. *Bhagavad Gitâ*, III, I. 19.
2. *Bhagavad Gitâ*, IV, pp. 19, 23.
3. *Bhagavad Gitâ*, III, pp. 25, 26.

CHAPITRE 12
LE KARMA COLLECTIF

Le rassemblement des Âmes en groupes formant des familles, des castes, des nations, des races, introduit un nouvel élément de confusion dans les résultats karmiques, et c'est là que se trouve une place pour ce qu'on nomme les «accidents», et pour les adaptations que font sans cesse les Seigneurs du Karma. Bien qu'il ne puisse rien arriver à un homme que ce qui se trouve «dans son Karma» individuel, il paraît qu'une catastrophe nationale, un tremblement de terre par exemple, peut servir de prétexte pour lui permettre d'épuiser une certaine quantité de mauvais Karma qui, régulièrement, n'aurait pas été affecté à sa période d'existence actuelle. Il semblerait, —et je n'en parle que spéculativement, n'ayant pas sur ce point de connaissances spéciales, — que la mort subite ne peut supprimer le corps d'un homme que s'il doit une telle mort à la loi ; peu importe le tourbillon de malheurs et de catastrophes dans lequel il peut être entraîné ; il sera ce qu'on appelle « sauvé miraculeusement » au milieu de la mort et de la ruine qui ont balayé ses voisins, et sortira sans mal de la tempête ou de l'explosion. Mais s'il doit une vie, et si son Karma national ou familial l'a attiré dans la zone d'action d'une semblable catastrophe, aucune intervention ne pourrait être utilement efficace pour le préserver, même si cette mort subite ne fait pas partie de la trame du Linga Sharîra spécialement affecté à sa vie présente. On prendra tout particulièrement soin de lui ensuite, pour qu'il ne souffre pas injustement de son expulsion subite de la vie terrestre ; mais il aura eu la faculté de payer sa dette au moment de cette éventualité, mise à sa portée par l'action élargie de la loi, par le Karma collectif qui l'enveloppe.

De même, il peut lui arriver de tirer bénéfice de cette action indirecte de la loi, si par exemple il fait partie d'une nation qui jouit des effets d'un bon Karma national; il peut recevoir ainsi le montant d'une dette que la Nature ne lui aurait pas payée dans sa vie présente, si son Karma individuel seul était entré en ligne de compte.

La naissance d'un homme dans telle ou telle nation est déterminée par certains principes généraux d'évolution, aussi bien que par ce qui constitue sa caractéristique propre. Dans son lent développement, l'Âme n'a pas seulement à passer par les sept races-racines d'un globe (je parle de l'évolution normale de l'humanité) mais encore par les sous-races. Cette nécessité impose certaines conditions auxquelles doit s'adapter le Karma individuel, et la nation qui appartient à la sous-race par laquelle doit passer l'âme offrira le champ où devront se trouver les conditions les plus spécialement requises. Là où de longues séries d'incarnations ont pu être suivies, on a trouvé que certains individus progressent régulièrement de sous-race en sous-race, tandis que d'autres sont plus errants, et se réincarnent parfois plusieurs fois dans telle ou telle sous-race. Tout en restant dans les limites de la sous-race, les caractéristiques individuelles de l'homme l'attirent vers telle ou telle nation, et nous pouvons remarquer des caractéristiques nationales dominantes réapparaissant « en bloc » sur le théâtre de l'histoire, après l'intervalle normal de quinze cents ans. C'est ainsi qu'une foule de Romains se réincarnent aujourd'hui comme Anglais, et leurs instincts d'entreprise, de colonisation, de conquête, de domination réapparaissent comme des attributs nationaux. L'homme chez qui de pareilles caractéristiques nationales sont fortement marquées et pour lequel le moment de renaître est venu, peut être attiré dans la race anglaise par son Karma, et partager la destinée de cette nation, pour le bien ou pour le mal, en tant que cette destinée peut affecter le sort d'un individu.

Naturellement le lien familial est d'un caractère plus personnel que le lien national, et ceux qui ont formé des liens d'étroite affection, pendant leur vie, tendent à revenir comme membres d'une même famille. Quelquefois ces liens se retrouvent avec persistance d'une vie à l'autre, et les destinées de deux individus peuvent être très intimement entrelacées dans les incarnations successives. Quelquefois, en raison de la longueur différente des Dévachans, longueur nécessitée par des différences d'activité intellectuelle et spirituelle pendant les vies passées ensemble sur terre, les membres d'une famille peuvent être disséminés et ne pas se rencontrer de nouveau avant plusieurs incarnations. D'une façon générale, plus le lien est étroit dans les régions supérieures de la vie, plus grande sera la probabilité de renaître dans un même groupe familial. Ici encore le Karma de l'individu est affecté par les Karmas entre-mêlés de sa famille ; il peut en jouir, en souffrir d'une façon qui n'est pas inhérente à son Karma personnel et ainsi recevoir ou payer des dettes karmiques pour ainsi dire non échues. En ce qui concerne la personnalité, cela semble entraîner un certain redressement, une certaine compensation dans le séjour en Kâma-Loka et en Dévachan, pour que justice entière soit rendue même à la personnalité éphémère.

Le fonctionnement détaillé du Karma collectif nous entraînerait bien au-delà des limites d'un travail aussi élémentaire que celui-ci et bien au-delà du savoir de l'auteur. Pour le moment, il ne peut être présenté à l'étudiant que des aperçus et des fragments. Pour comprendre le sujet avec précision, il faudrait faire une longue étude de cas individuels et les suivre au cours de plusieurs milliers d'années. Il est oiseux de conjecturer sur ces matières; ce qu'il faut, c'est observer avec patience.

Il y a cependant un autre aspect du Karma collectif sur lequel on peut avec à propos dire quelques mots ; c'est la relation qui existe entre les pensées, les actes de l'homme et les aspects de la nature extérieure. Voici ce que Mme Blavatsky a écrit sur ce sujet obscur :

Après Platon, Aristote a expliqué que le terme stoï-chéïa[1] *ne représentait que les principes incorporels placés aux quatre grandes divisions de notre monde cosmique pour le surveiller. Ainsi, pas plus que les chrétiens, les païens n'adorent ni ne révèrent les éléments et les points cardinaux imaginaires, c'est aux « Dieux » qui les gouvernent respectivement qu'ils rendent un culte. Pour l'Église, il existe deux sortes d'êtres sidéraux: les Anges et les Démons. Pour le kabbaliste et l'occultiste, il n'y a qu'une classe, et ni l'occultiste ni le kabbaliste ne font de différence entre les «Recteurs de Lumière» et les «Rectores Tenebrarum» ou* Cosmocratores *que l'Église romaine imagine et découvre dans les « Recteurs de lumière » dès que l'un d'entre* eux est appelé d'un autre nom que celui qu'elle lui affecte. Ce n'est pas le Recteur, ou le Mahârâja, qui punit ou qui récompense avec ou sans la permission ou l'ordre de «Dieu»; c'est l'homme lui-même. Car ses actes, ou son Karma, attirent individuellement et collectivement (comme il arrive parfois pour des nations entières) toute espèce de maux et de calamités. Nous produisons des Causes et celles-ci éveillent les pouvoirs correspondants du monde sidéral, lesquels sont alors magnétiquement et irrésistiblement attirés vers ceux qui produisent ces causes et réagissent sur eux, qu'ils soient des malfaiteurs en acte, ou simplement des « penseurs » qui couvent de mauvaises actions. La science moderne enseigne en effet que la pensée est de la matière, et « toute particule de matière existante doit enregistrer tout ce qui est arrivé » ; c'est ce que MM. Jevons et Babbage annoncent dans leurs Principes de la science. La science moderne est tous les jours attirée plus profondément dans le maelström de l'occultisme, inconsciemment, sans doute, mais très sensiblement.

«La pensée est de la matière» mais non pas bien entendu au sens du matérialiste allemand Moleschott, qui nous assure que «la pensée est le mouvement de la matière », — formule d'une absurdité presque sans pareille. Les états mental et physique sont ainsi mis en complète opposition. Mais cela ne change pas l'assertion que toute pensée, en plus de son accompagnement physique (modification cérébrale), présente un aspect objectif, quoique pour nous *d'une objectivité suprasensorielle — sur le plan astral[2].* »

Lorsque les hommes, paraît-il, produisent un grand nombre de formes-pensées mauvaises, ayant un caractère destructif, et que des forces s'assemblent en grandes masses sur le plan astral, leur énergie peut être et est souvent projetée sur le plan physique, où elle provoque des guerres, des révolutions, des troubles sociaux et des soulèvements de toute sorte qui frappent, en tant que Karma collectif, leurs progéniteurs et propagent au loin la ruine. En conséquence, à un point de vue collectif aussi, l'homme est le maître de sa destinée et le monde où il évolue prend forme sous l'influence de son action créatrice.

Les épidémies de crimes et de maladies, les cycles d'accidents peuvent être expliqués d'une façon analogue. Les formes-pensées de colère aident à la perpétration des meurtres ; les élémentals de cette catégorie se nourrissent du crime, et les résultats du crime — pensées de haine et de vengeance de ceux qui aimaient la victime, ressentiment farouche et fureur impuissante du criminel lorsqu'il est violemment expulsé hors de ce monde — ne font que renforcer leur propre troupe d'une quantité de formes malfaisantes. Celles-ci, du plan astral où elles sont, incitent l'homme méchant à des crimes nouveaux, de sorte qu'un cycle d'impulsions nouvelles s'ouvre encore et que nous constatons une épidémie d'actes violents.

Les maladies se répandent et les pensées d'effroi qui accompagnent leur progrès ont une action directe qui renforce la puissance du mal ; des perturbations magnétiques naissent, se propagent et réagissent sur le champ magnétique de ceux qui se trouvent dans leur zone d'action. De tous côtés, en des modes sans fin, les pensées mauvaises de l'homme causent des ravages, là où celui qui aurait dû être un divin collaborateur à la construction de l'Univers, emploie pour détruire son pouvoir créateur.

---

1. Éléments.
2. *Doctrine secrète*, I, p. 108-109.

CONCLUSION

Telle est l'esquisse que l'on peut faire de la grande loi du Karma et de ses effets; la connaissance de cette loi permet à l'homme d'accélérer son évolution ; sachant l'utiliser, il peut se libérer de toute servitude, et devenir l'un des aides des Sauveurs du Monde, bien avant que la race dont il fait partie ait parcouru sa route. La conviction profonde et réfléchie de la vérité de cette loi donne à la vie une sérénité immuable et une intrépidité parfaite ; rien ne peut nous toucher que nous n'ayons mis en mouvement nous-mêmes ; aucun mal ne peut nous être fait que nous n'ayons mérité. Et comme tout ce que nous avons semé doit arriver à maturité à la saison convenable, et être moissonné, il est oiseux de se plaindre de la récolte, si elle est pénible ; elle peut se faire aujourd'hui, ou plus tard ; mais elle est inévitable, et une fois recueillie, elle ne peut recommencer à nous donner du souci.

C'est donc avec un cœur joyeux qu'il convient d'envisager le Karma douloureux ; il faut l'accepter et le parachever gaîment ; il vaut mieux l'avoir derrière soi que devant soi : chaque dette acquittée est une dette de moins à payer. Plût au ciel que le monde connût et pût sentir la force qui vient de cette confiance en la Loi. Malheureusement, cette loi est pure chimère pour la plupart des occidentaux, et parmi les théosophes même, la croyance au Karma est plutôt un assentiment intellectuel qu'une conviction vivante, féconde, qu'une loi à la lumière de laquelle la vie est vécue. La force d'une croyance, dit le professeur Bain, se mesure à l'influence qu'elle possède sur la conduite ; la croyance en Karma devrait rendre notre vie pure, forte, sereine et riante. Seules nos propres actions peuvent nous entraver et notre volonté nous brider. Que les hommes reconnaissent seulement cette vérité et l'heure de leur libération aura sonné. La Nature ne peut pas asservir l'âme qui a conquis le pouvoir par la Sagesse et qui n'utilise l'un et l'autre que dans l'Amour.

Copyright © 2023 par FV Éditions
Couverture et mise en page : Canva.com, FV Ed.
ISBN Ebook 979-10-299-1471-3
ISBN Livre broché 979-10-299-1472-0
Tous droits réservés

www.ingramcontent.com/pod-product-compliance
Lightning Source LLC
Chambersburg PA
CBHW010425120726
47992CB00008B/3331